U0993722

A GUIDE TO MARX'S *CAPITAL*

《资本论》导读

【英】安东尼·布雷沃（Anthony Brewer）/著
胡健　易炼红　杨秋宝　任净　霍云鹏/译

中国经济出版社
CHINA ECONOMIC PUBLISHING HOUSE
·北京·

图书在版编目（CIP）数据

《资本论》导读／（英）安东尼·布雷沃（Anthony Brewer）著；胡健，等译．
—北京：中国经济出版社，2019.6
书名原文：A Guide to Marx's Capital
ISBN 978-7-5136-5390-9

Ⅰ.①资… Ⅱ.①安… ②胡… Ⅲ.①《资本论》—马克思著作研究
Ⅳ.①A811.23

中国版本图书馆 CIP 数据核字（2018）第 229464 号

责任编辑　郭国玺
责任印制　马小宾
封面设计　任燕飞工作室

出版发行　中国经济出版社
印 刷 者　北京科信印刷有限公司
经 销 者　各地新华书店
开　　本　710mm×1000mm　1/16
印　　张　13.25
字　　数　175 千字
版　　次　2019 年 6 月第 1 版
印　　次　2019 年 6 月第 1 次
定　　价　58.00 元
广告经营许可证　京西工商广字第 8179 号

中国经济出版社 **网址** www.economyph.com **社址** 北京市西城区百万庄北街 3 号 **邮编** 100037
本版图书如存在印装质量问题，请与本社发行中心联系调换（联系电话：010-68330607）

本书译自1984年英文版本

PREFACE
>> > 前言

《资本论》是马克思最重要也是诸多论著中最有影响的一部著作。任何一个想了解近代社会的人都应该读一读《资本论》。令人遗憾的是，它却是一部相当难懂的著作。某些阅读上的困难是在所难免的，因为掌握那些不熟悉又复杂的思想从来就不是一件容易的事，但是，它实际上不像看起来那样令人生畏的。初一看，马克思的术语和论证风格似乎很生疏，而且前面几章是最抽象和困难的，然而坚持阅读的读者将发现，自己所作的努力是值得的。

这本导读的目的在于使《资本论》更加易于理解。导读的主要部分是对《资本论》逐章作注释，并把马克思的主要论点思路通过认知加以说明。我已经把某些特别的段落挑选出来作为专门评论，这些段落都是分析过程中的关键性步骤或涉及的重大问题，而马克思没有在别处做过详尽的论述。

当然，这样做意味着要对重要的问题和马克思表达的真正意思做出判断，但我尽可能地坚持接近原文，并把各种结论留给读者去做。既然这是一本有关《资本论》的指导书，而不是对马克思主义进行全面论述，我也就有意地回避了对各种针对马克思理论的争论做详细论述。我提供了供讨论某些具体问题的参考书目，作为进一步阅读的起点，但是，我并不奢求它有多么全面。一部对庞杂的辅助文献的导读，应当是另一本书。

《资本论》有许多不同的版本，这些不同版本的《资本论》的页数甚至章、篇和卷数（有些版本把一卷分为两“卷”）也是各不相同的。这本导读中所用的各章标题（编排在目录中）将足以使读者在其他版本中认出相应的各章。我采用的是莫斯科的版本，这一版本可能比其他任何一种版本都更为广泛地通用（它在不同的国家以不同的版本说明出版）。我标出了所有互相参照的卷、篇、章、节甚至页数，因此，可以在任何版本中找到它们。在术语方面，我根据的是艾夫林和穆尔翻译的第一卷（正好是莫斯科的版本），因为它是得到恩格斯的准许的。有一种选择可能会引起争论；我在涉及不明确的阳性词（他、他的等等）的地方，根据标准翻译，否则就会变得累赘和不自然。

本书介绍在于把《资本论》与马克思的生活和工作作为一个整体联系起来，同时介绍马克思常常提到的某些其他作者。附录1是对马克思和恩格斯为不同版本和《资本论》各卷所写的前言和跋的简要说明。附录2论及《共产党宣言》，附录3讲的是《政治经济学批判》的《前言》和《跋》。这些短篇著作是对《资本论》的补充。最后，我提供了一个马克思所用术语的汇编表。

我感谢珍妮特·希雷沃和保罗·鲍尔斯所作的有益评论，感谢马乔里·伦特熟练又耐心地打印了手稿。他们对本书的任何错误不用承担任何责任。

INTRODUCTION
>> >导论

关于马克思的生平，在此可作一个简短的概括。1818 年，马克思生于德国莱茵地区，几年以前，这个地区成了正在扩张的普鲁士帝国的一部分。1836 年，马克思前往柏林大学就学，1841 年，他以一篇关于古代哲学的学位论文获得博士学位。在随后的两年里，他主编了两份激进的杂志，首先是莱茵省的《莱茵报》，然后在巴黎创办了《德法年鉴》。他的目的是为德国读者服务。这两份杂志都触犯了普鲁士当局，这样，马克思被迫流亡到比利时首都布鲁塞尔。1848 年革命爆发后，马克思回到了德国，并主办了另一份杂志——《新莱茵报》，但他再次被驱逐出境，这次他去了伦敦。

从 1849 至 1883 年，马克思流亡英国。他再也没有得到一份正式工作，不得不靠遗产、馈赠和做自由撰稿人获得的不稳定收入维持生活。在此期间，他基本上处在贫困潦倒和疾病缠身的境况。直到他生命的最后几年，他的政治影响始终不被承认。

如果说这段不出名的流亡生活在今天引起了人们兴趣的话，那么，这完全归因于马克思所提出的各种思想。

直到 19 世纪 40 年代中期，马克思的各种观点还是处于形成之中，由于他从大量的文献中汲取各种不同的思想，因而他的观点发生了急剧的变化。在 1843—1844 年，马克思成为一个社会主义者，开始与弗里德里希·恩格斯建立了毕生的合作和友谊，并着手研究经济学。

1845 年，马克思与恩格斯一道得出了一种新的思想体系——历史唯物主义，此后，他一生始终坚持这一学说。他认为，社会的发展要经过不同的阶段，而这些阶段具有各自不同的经济结构。眼前这个阶段——资本主义——必将被由工人阶级领导的革命所推翻。马克思有关历史发展的各部分理论及其政治纲领都是与对资本主义的分析相联系的，在资本主义社会里，经济的发展必然导致日益严重的经济危机并加剧阶级两极分化，并为革命时期的到来奠定基础。

最初，马克思只是简述了他的观点，当他在 1848 年被迫流亡国外后，他便潜心于提供更完整的说明。《资本论》就是他潜心研究的最后成果。

一、从黑格尔到历史唯物主义

黑格尔

在马克思还是一个大学生时，黑格尔哲学在德国知识界处于支配地位。起初，马克思反对这种哲学，但随后他成了一个热情的黑格尔主义者。尽管他后来拒绝了许多黑格尔的思想，然而，他的整个思维方式基本上受到了黑格尔哲学的影响。

在黑格尔看来，历史不是各种事件的无规则的排列，而是一个可以理解的过程，只是受客观规律所控制，而这只能通过对整个历史的观察才能掌握。然而，这个过程不是在某个方面上始终不变的，而是一个“辩证的”过程。发展的每个阶段都是以充满着各种相反力量之间的“矛盾”为特征的，在下一阶段以更高层次的结合综合在一起，但仍将产生各种新的矛盾。概括地说，马克思的一生都坚持了这种历史观，他所抛弃的是黑格尔的“唯心主义”。在专门的哲学意义上，唯心主义是指那种认为“精神”或“观念”是第一性的，而客观事物是第二性的观点。黑格尔认为，历史首先是由“理性”或“精神”发展起来的。

每个时代和每个国家都有它自己的一套独特的观念，而各种观念的辩证运动则构成历史发展的动力。

黑格尔的著作是极为晦涩的，因而可以给予各种不同的解释。德国哲学在19世纪30—40年代，由于黑格尔主义的各种不同学派之间的争论而出现了破裂。黑格尔本人去世后，再也不能参加争论。保守的观点提出，普鲁士王国是理性的最高化身，也是历史发展的顶点。这种狭隘的观点受到官方的欢迎，是可以理解的。

马克思曾在一段时期参加了“青年黑格尔派”，他们强调给黑格尔哲学注入有活力的因素，强调不断变革，特别是把斗争的矛头对准国教。用艾赛亚·伯林的话来说，他们的文体是“卖弄学问和傲慢自大的奇特混合物，充满晦涩的自相矛盾的话和烦琐的讽刺短诗，嵌在押头韵的、一语双关的无聊议论之中”。[①] 马克思的早期著作就是用这种文体写成的，而且非常冗长乏味。马克思从来没有完全摆脱它的影响，这在《资本论》的某些段落中可以看出来。

社会主义

在19世纪40年代初，马克思也受到了社会主义著作的影响。“社会主义”和“共产主义”的术语在那时并没有非常明确的含意。现在，“社会主义”首先意味着是“资本主义”的对立面，而资本主义是由马克思发明的一种独特的社会形式。马克思时代的社会主义作家是基于道德原因而对这个存在已久的社会形式加以否定的，然后又绘制了一幅更加美好的社会蓝图来取代资本主义社会。他们的某些构想完全是十足的胡想乱想，尽管这不是马克思加以批判的要点。

马克思把这些社会主义理论当作“空想主义”予以否定。他坚持认为，历史是由客观规律支配的，而不可能简单地说一声“事情应当有

---

① Isaiah Berlin. *Carl Marx*: *His Life and Environment*, 4th edn (Oxford University Press, 1978), p. 53.

所不同”来使之改变。尽管马克思确实痛恨资本主义，但他认为道德上的谴责是无济于事的，因而他的目的在于说明社会主义革命是合乎逻辑的，是资本主义发展的必然结果。未来社会的组织将由人们在执行时决定，而不能作详细的预测。

马克思思想的另一个主要组成部分来自政治经济学（当时称经济学）。对于马克思经济学的发展，我们将在下面作更详细的讨论。在这里，我们要注意到马克思在1844—1845年才开始研究经济学，并把他的大部分有关经济的专门分析从其他著作中分离出来。马克思在他的著作中创立的基本理论是，把经济看作一种由客观规律决定的连贯体系。在他所创立的新观点中，经济发展过程取代了黑格尔的“精神”和“理性”从而成为历史发展的动力。

历史唯物主义

所有这些影响在1844—1845年导致了一个新的理论结构的产生。那时，马克思和恩格斯合作得十分密切，因而这一新理论体系的荣誉应由他们两人共享。他们从各种不同的源泉吸取思想的事实，绝没有降低他们的成就的重要性和独创性；所有伟大的思想家都是在前人已经取得的成果之上建立自己的思想体系的。

马克思在1844年写了一部笔记或草稿（这就是有名的《经济学——哲学手稿》或《巴黎手稿》），这时，他已经得出了一个中心观点。他第一次把注意力集中在后来成为《资本论》主题的问题上，即资本和雇佣劳动、资本家和工人之间的关系。资本家占有生产资料（设备和原材料）或用以购买生产资料的货币。而工人一无所有，不得不靠给资本家干活维生。工人出卖自己的劳动力，因而没有对产品提出要求的权利，产品是属于资本家的。当资本家变得越来越富有时，工人仍然贫穷而缺衣少食。

资本和劳动之间的关系是结构性的而非个体的；工人不是受某个资

本家的压迫，而是受资本的压迫，这是特指某一个人受整个经济制度的压迫。资本是由劳动产生的，但它却反过来充当压迫那些产生了它的工人的异己力量。马克思在1844年所用的术语中，劳动是“异化的”或“疏远的”。

在马克思思想发展的这一阶段，他受到唯物主义哲学家、黑格尔的批判者路德维希、费尔巴哈的强烈影响。特别是马克思运用了费尔巴哈有关人的“本质”或“类本质”的思想。人类生产本质上是一种创造性的活动，而且，生产受不以人的意志为转移的资本法则的控制，这些资本法则扰乱了生产者和产品之间的自然关系。这些概念在多大程度上存在于马克思的成熟著作之中，这是一个有争论的问题。马克思晚期著作所用的术语是不同的，但是，那些希望在马克思晚期著作中找到他在1844年阐述的思想的人可以在这些著作中实现这一要求。

第二年，即1845年，马克思和恩格斯合著了另一部著作——《德意志意识形态》，这部著作在他们生前未能出版。在这部著作里，他们第一次明确阐述了“历史唯物主义”（如他们称其为“历史观”），这标志着马克思主义理论发展的第一阶段的结束，在这个阶段，马克思的思想发生了急剧的变化。1845年以后，马克思致力于进一步发展《德意志意识形态》所提出的基本理论原理。《德意志意识形态》是一本难读的书，因为它的各种立论与对其他作者漫无止境的攻击缠绕在一起。后来的《〈政治经济学批判〉前言》（将在附录3讨论），是对历史唯物主义的一个更好的扼要阐述。

在《德意志意识形态》里，马克思、恩格斯是从一个简单的客观事实出发的。人类要生存，就必须生产生存资料（食物等等），因而就必须在一个有分工的社会中共同劳动。（注意，没有任何一个有关人的“本质”的概念，能够超出这种对食物的物质需求）生产发展的任何一个阶段都是历史发展的结果，都是过去数代人的成就。生产的发展必然包括协作、分工乃至社会组织的各种形式的发展。

社会发展的各个相互连接的阶段具有不同的所有制形式。古代社会的村社所有制以剥削奴隶为基础，封建的土地所有制以对农奴的剥削为基础，而资产阶级（资本主义）私有制则建立在剥削一无所有的雇佣工人基础上。古代社会的这些生产方式当中的每一种都代表着比它的前身更高的生产发展阶段，而且各自都为下一个发展阶段创造了条件。资本主义的发展造就了一个大规模的、日益贫困的无产阶级，正是这个阶级在适当的时候将推翻资本主义。共产主义是历史发展的不可避免的最终产物。

1848 年事件是马克思一生的分界线，群众示威和暴动从法国开始，最后扩展到整个欧洲。在普鲁士范围内，民众要求制定一部能限制独裁政府的专制权力的新宪法，这在当时是一个“革命的”要求。他们在法兰克福召开了一次代表大会，以便起草新宪法。与那些急剧而又果断的变化相比，这些事件并不那么“革命”；然而，它们标志着一个政治动荡时期的开始，旧的政权动摇起来，新的机会开始出现。

《共产党宣言》（将在附录 2 讨论）就是在革命爆发前为共产主义者同盟所写的。马克思回到了德国，在那里他忠告人民不要急躁，理由是德国第一次经历与 1789 年法国革命的情况相同，而此时在德国进行一次共产主义革命的条件尚不成熟。结果表明，激进的力量在德国分裂了，军队仍然忠实于独裁政府，而且普鲁士当局最后得以继续维持它的统治。马克思再次流亡伦敦。

二、古典政治经济学

马克思在流亡英国期间的主要成果是《资本论》。要评价《资本论》的内容，需要对当时的经济理论做一回顾，特别是要了解马克思所说的“古典政治经济学”，如亚当·斯密、大卫·李嘉图和其他 18 世纪末、19 世纪初英国经济学家的著作。马克思的经济理论是建立在这些古典经济学家的著作的基础之上的，并常常涉及这些著作的内容。

剩余和剩余价值

古典政治经济学是作为17、18世纪“重商主义”理论的对立面而产生的。重商主义者重要关心的是对外贸易，这在马克思看来是一个次要的问题。他们认为典型的资本家是个商人，而商人的利润来自贱买贵卖。18世纪法国的“重农主义者”第一次抛弃了这种观点，他们强调的是生产而不是贸易，但他们认为只有农业才是真正的生产部门。马克思对重商主义者和重农主义者的著作都进行了研究，并且在自己的著作中常常提到他们。

古典政治经济学（和重农主义者的著作）的主题是解释来源于生产过程的“剩余”的利润和地租。其基本思想可以很容易地通过设想一种只生产一种商品（假如容易）的经济看法。这种，谷物既是消费品（食物），又是投入生产的物资（种子）。如果生产出的谷物除了足以替换耗费掉的种子和满足生产者的消费外，还有额外的，那么这种额外的东西就是能够用以维持一个非生产的统治阶级及其食客（士兵、佣人、教士，等等）的生活的剩余。

在这里，一个有趣的问题是，这个剩余是怎样归入统治阶级手中的？当然，对于一个实物剩余的存在是不必回答的，因为生产者自己可以享有它。斯密、李嘉图和马克思对这个问题都作出了基本相同的回答。在资本主义社会，剩余是为拥有所有权的人所占有的，原因在于他们的富有使之足以能够购买必要的生产资料（简单的例子是土地和谷种），而工人却不能凭自身力量进行独立的生产，因而不得不接受他们能够得到的工资，为生产资料所有者生产。工人之间为工作而发生的竞争又使工资得以维持在一个最低限度上。斯密和李嘉图把这一状况看作是一种自然而又永恒的生活现实。而马克思却认为这是社会发展的一个暂时阶段。

另一个更进一步的问题是必须考虑的。在现实资本主义制度下，许多不同的商品是由各个专业的企业生产的。每一个企业都花费一定数量的货币，用以购买生产资料和支付工资，并通过出卖它的产品来补偿支出。任何一个企业的利润都取决于它所支付的价格和它从产品中得到的价格。各种商品可能在不同时间有不同的价格，于是，古典经济学家研究的是商品的“正常价格”或“自然价格”或“价值”的概念。剩余对于资本家或土地所有者来说是剩余价值，价值的超额量是由包含工资在内的成本产生的。剩余价值理论包括两个内容：价值理论和对剩余价值是如何来自工人的劳动并转移到财产所有者手中的解释。

亚当·斯密

《国富论》（1776）的作者亚当·斯密是古典政治经济学公认的创始人。他特别强调分工是提高生产率和繁荣经济的原因。斯密认为，分工使各个生产者能够专业化，从而更有效地完成各自的任务。分工受市场范围的限制，因为狭小的市场不可能为专业化提供大量的机会。随着财富和人口的增长以及运输方式的改善，市场扩大了，分工更加复杂了，生产出来的产品和财富也就更多了。经济增长是一个累积的过程，其每一个阶段都扩展了市场，并为进一步增长提供了一个基础。马克思在斯密的著作中发现了有关经济发展是一个连续过程的思想，并把这一思想作为他自己分析资本主义的基础。

在斯密看来，任何产品的“自然”价格，都包含了工资、地租和由市场情况确定的收益利润。他对导致各种产品的价格符合“自然”价格的各种市场力量做了极好的分析，如果市场价格高，那么利润也将高，生产者就会投资于这一行业，这样一来供给就会增加，从而使价格重新下降，如此循环往复。马克思在很大程度上接受了这种分析。

斯密关于工资、利润和地租决定的论述却是有问题的。他说，价值是由工资、利润和地租的总和决定的，而与此同时，他又认为工资、利润和地租取决于生产出来的价值总量，这种价值总量可以在它们三者之间进行分配。这是一种循环论证。斯密的利润理论很不充分，他说利润由“竞争”决定，但却没有提供任何有关它是怎样产生的系统分析。

大卫·李嘉图

作为证券经纪人和英国下议院议员的大卫·李嘉图是古典政治经济学的另一个主要人物。他的《政治经济学及赋税原理》（1817）试图在斯密主义的基本框架内，克服斯密著作中的混乱状态。

李嘉图认为，商品的价值是由生产它所必要的劳动决定的（某些商品例外，见下文所述）。工资的变化不会引起价值的变化，但它会改变价值的一部分，导致工资和利润的反向运动。如果工资增加，利润就会下降，但价值总和是不变的。产品价值的计算与它分割的方式无关。

这一原理并没有排除各种难点。正如斯密所说的那样，就一定的投资量而言，在不同的行业所获得的利润必须是相同的，否则，资本就会流入那些赢利更高的部门。在有大量资本投入（相对于雇佣的劳动力而言）的行业，必须用更高的利润和更高的价格来确保投入的资本获得尚可接受的投资回报。所以，价格终究不能和必要劳动成比例。李嘉图苦苦地思考着这个问题，但是，除了把它看作是对他的劳动价值理论的一个小修改外，他未能发现一个更好的解决办法。最后，他认为价值主要由劳动决定，但有时又不是由劳动决定，这近乎等同于放弃了劳动价值论，倒退到了斯密的观点上。

马克思对李嘉图的这一缺陷进行了批判，并提出了他自己的解决办法，其中包括把“价值”和“自然价格”（即马克思术语中的“生产价格”）看作是完全不同的东西。价值由耗费在商品中的劳动决定。根据斯密的观点，对于整个经济来说，工资和利润是由所生产的价值的分割决定的，继而对于单个商品来说，生产价格又是由工资和利润的相加决定的。马克思避免了这种循环论证（尽管马克思的解决办法有其本身的问题）。

但对地租的解释还不够充分。在李嘉图看来，地租产生于不同土地所具有的肥力的不同。农产品的价格必须足以使正在使用的最差的土地按现行利润率获得利润，否则，它就不会被耕种。较好的土地将获得地租，由于各个农场主都争相使用这种较好的土地，所以土地所有者能够要求土地的使用者支付地租。马克思接受了这一理论，并给予进一步的完善，由于他认为地租是次要的问题，因此把它放在《资本论》的末尾。

马克思认为，斯密和李嘉图是古典政治经济学的优秀代表。在李嘉图之后，那些没有简单地抄袭李嘉图的观点的经济学家则倾向于强调"供给和需求"是价格的决定因素。这使他们能够对特定的市场进行貌似有理的解说，但是，他们仍然没有从整个体系上对工资、利润和地租进行前后一致的分析。马克思称他们是"庸俗经济学家"，并以蔑视的态度对待他们。事实上，正如瓦尔拉在 19 世纪 70 年代所表述的那样，用供给和需求的术语来说明整个经济制度是可能的。但是，那时马克思的健康状况已经恶化，而且，马克思似乎并不了解瓦尔拉的著作。当然，如果马克思了解瓦尔拉的学说，他也许仍然不会赞同。

货　币

对货币经济学进行简要的分析是完全必要的，相对而言，它是脱离价值和剩余价值理论而发展出来的。在马克思时代，货币是以黄金为基础的（至少在英国和其他主要资本主义国家是这样的）。当时，流通的是货币，钞票可以兑换黄金。在马克思看来，货币的价值与黄金的价值有着直接的联系，而黄金的价值同其他商品的价值一样，是由生产它们的必要劳动决定的。在这一点上，它不同于流行的"货币数量论"，这种理论把货币的价值同流通中的货币量联系起来。根据货币数量论，货币的价值是由货币的数量决定的。而马克思的看法却完全相反，他认为，货币价值决定流通中的货币量。

19 世纪中期有关货币的争论，集中于钞票发行的效果方面。但争论的焦点不是政府发行的纸币不能兑换硬币的问题，而是许诺偿还、私人银行的发行以及黄金兑换的问题。“货币学派”主张限制纸币的发行，因为纸币发行过多可能导致价格上涨，并使财政危机随之而来。“银行学派”认为没有这么严重，其理由是所有超额发行的纸币都将流回发行银行储存起来，或兑换成黄金。在这一点上，马克思赞同银行学派的观点，他认为财政危机是那些更为根本的问题的外在表现，与纸币的过量发行毫无关系。

三、《资本论》的创作

马克思经济学的发展

在 19 世纪 40 年代，马克思形成了一个与众不同的历史观，认为资本主义是一种寿命有限的独特的经济制度。然而，在这个阶段，马克思还是从别人那里吸取了一些经济理论，并给以重新解释，使之适合于他自己的体系。《1844 年经济学哲学手稿》中的经济部分，就主要是由来自斯密和其他人著作的引文及马克思本人的评论构成。《雇佣劳动与资本》（出版于 1849 年，以马克思在 1846—1847 年所作的演讲为基础）在总的结构上，大体上还是按斯密的观点写成的，尽管马克思在采用斯密的观点时作了选择。《雇佣劳动与资本》有时被介绍为《资本论》的简易读本，但实际上，它阐述的是一种完全不同的理论。阅读《雇佣劳动与资本》时必须特别谨慎，因为在马克思逝世后，恩格斯对这本书做了修改，使它在表面上与马克思的成熟著作相近似。《哲学的贫困》（1847 年）大量地引用了李嘉图和“李嘉图社会主义者”——一批激进的英国作家——的著作。

19 世纪 50 年代，马克思在流亡伦敦期间再次着手研究经济学。这一时期，马克思思想发展的主要根据是写于 1857—1858 年的一本手稿，这本手稿在1933年被发掘出来，并以《政治经济学批判大纲（草稿）》的书名出版。显然，马克思原本没有打算让这本手稿出版的，所以现在读起来非常困难，因为正文不断地从一个主题跳到另一个主题，显而易见，作者没有明确的写作计划。由于《草稿》十分混乱，它虽然包含了《资本论》的所有主要主题，尽管其中的某些内容几乎才开始产生，其他内容也是以手稿的形式出现的。然而，在19世纪50年代中期和晚期，我们已经可以看到马克思的经济学说已发展到较成熟的阶段。《草稿》之所以引起现代读者的兴趣，并不是由于它的经济学说，而是书稿内容中与经济学说交织在一起的哲学评论，而且其中的经济学说在后来的《资本论》中得到了更好的阐述。《草稿》明显比《资本论》更具黑格尔的哲学特征，并构成了《资本论》和马克思早期哲学著作之间的桥梁。

接下来的任务是寻找一种合适的方式来介绍这种新理论。显然，马克思发现这很困难。他立即开始了这项工作，但是，《政治经济学批判》(1859年出版)，只不过是第一部分而已。这使他的朋友们很失望，因为这本书仅仅涉及交换和货币两部分内容，而对资本和劳动的关系则完全没有论述。在写给恩格斯的书信中，马克思草拟了一个写作计划：共分六册，即资本、土地所有权、雇佣劳动、国家、对外贸易、世界市场。第一册当然成为《资本论》的主要内容，并渐渐写成了三卷（还有《剩余价值理论》三卷）；这个写作计划没有完成，并且其中有五册甚至压根没有动笔。

《资本论》

《资本论》的大部分写作完成于19世纪60年代中期。马克思完成了所有三卷和有关经济思想史的第四卷的草稿（第四卷后来以《剩余价值理论》的书名出版，它对《资本论》三卷做了大量的补充)。他的步骤是先写出各个题目的粗略草稿，从其他著作、实际材料、议会报告等类似的文献中摘录了许多内容。在这一系列的草稿中，他再重新整理材料，并去掉大量引文，只保留了那些提供了实质性论据或说明重要观点的引文。在马克思未能完成的《资本论》第二卷、第三卷中，我们仍然可以从后来的版本中看到这些早期草稿的痕迹。在《资本论》第一卷，马克思特别强调了前辈们的贡献，他声明，在他所引证的最早表述中可以看到前辈们的重要思想。

马克思花了很长时间构思出《资本论》的内容结构，但这个结构与《政治经济学批判大纲（草稿）》完全不同。各个概念被依次引入，然后一一加以解释和明确。不管怎样，这种安排有其本身的依据。正如马克思在《资本论》第一卷德文版《第二版跋》中所写的："当然，在形式上，内容的呈现方式必须与研究方法有所不同。研究必须充分地占有资料……只有在这项工作完成以后，才能将论证过程充分地展现出来。一旦做到这一点……呈现在我们面前的就好像只是一个原本就存在的结构了。"

马克思在发展和阐述他对资本主义的分析时所面临的各种问题皆源自他那结构严谨的历史观的严格需要中衍生出来的。按照这种理论，资本主义是一系列形态各异的"生产方式"中最现代的一种。每一种生产方式都是由生产关系（包括两个阶级——剥削阶级和被剥削阶级——之间的关系）的一种特殊的基本结构规定的。一个社会的各主要特性全部由占支配地位的生产方式，形成的（但不是完全由它决定）。每一种生产方式都有它内在的运动规律，在发展的一定阶段上，这些规律足以维持或"再生产"出这种制度的基本结构，但最终将导致这种生产方式被下一种生产方式所取代。

为了使自己对资本主义的分析符合这一框架，马克思不得不验明资本主义的基本结构，并从中推出这个制度的运动规律。因而，就理论的展开形式而言，必须"从抽象到具体"，从资本主义的抽象概念到特殊的资本主义社会的实际运动。

然而，"研究方法"或研究过程并不能遵循这一模式，抽象的概念不能自我证实，而只能通过观察它们是否能够反映“实际的运动”来检验。这些概念不完全是从理论家的头脑中跳出来的，而是在一个不断尝试而又不断出错的痛苦过程中，通过对现有理论的研究、吸取和批判以及理论和证据之间的不断相互作用而产生的。

“叙述方法”抹掉了“调查方法”长期斗争的记录。叙述是从抽象到具体，从基本的概念到复杂的理论。这些概念本身似乎就拥有生命力，能够把它们的内涵一层层展现出来，并且，好像“呈现在我们面前的的确是一个先验的结构”，是纯粹抽象思维的产物。这里存在着陷入黑格尔唯心主义的危险，会认为意识决定现实，因为现实可以被意识重新构建。当然，马克思避开了这一陷阱，而只要求把“现实的运动适当地叙述出来”。《资本论》的现代读者则更容易犯相反的错误，以整套定义过于主观为由而拒绝接受这套理论。而要追随马克思，将那种理论阐述得详细充分，可以用来解释各种现实问题，这是需要耐心的。

马克思的叙述程序的两个独特方面是值得一提的。第一，他强调了资本主义生产关系的特殊性。资本主义（依靠雇佣劳动者进行生产）是商品生产的一种特殊形式，而且，资本主义本身也只不过是人类社会的形式之一。马克思非常细心地区分了适用于所有社会的概念、仅适用于商品生产社会的概念以及仅适用于资本主义的概念。在《资本论》的前三章，马克思致力于说明商品生产，而没有引入资本的概念。这一安排具有重要的意义，因为他通过这种方式对各种概念做出了准确的阐述。例如，价值的定义是在第一章就出现的，从而在以后的整个分析中起着十分重要的作用。在没有讨论资本主义价格的实际构成之前是不能论及市场价格的，所以，有关市场价格的分析直到《资本论》第三卷才出现。

第二，马克思的叙述是逻辑的，而不是历史的。资本主义的主要特征不是由它的历史决定的，而是由它的结构决定的。资本主义的起源问题直到第一卷末尾才讨论，而关于它的废除只是附带地提了一下。《资本论》是一部研究资本主义生产方式的著作，而不是对马克思各种观点的全面总结。

《资本论》第一卷于1867年完稿和出版。那时马克思的健康状况已经在恶化，他的时间都用在对当时各种政治问题的研究上，因而他几乎没有对《资本论》第二卷、第三卷作出进一步的修改。1883年马克思逝世，可供恩格斯“利用”的只是大量字迹难以辨认的手稿，这些手稿是马克思在19世纪60年代写成的。《资本论》第二卷是由若干不完全的草稿拼凑起来的，出版于1885年，不管怎样，这种如此迅速的编辑工作是值得称赞的。此时，恩格斯年事已高，而且他发现整理第三卷是一个更加艰巨的任务，因为它还处于未完成的状态。《资本论》第三卷最终在1894年出版，此时距书稿写成的时间已经三十年。

四、经济背景

《资本论》是一部理论著作，目的是为分析各个时期的资本主义经济提供基础。当然，马克思是根据他所处的时代进行推论的，而且，各种基于这个时代的假设在《资本论》的各个理论部分中起着重要的作用。特别是马克思理所当然地认为，单个资本企业的规模相对较小。并且几乎不能或完全不能控制其产品的价格；他们必须按照市场价格或根本不按市场价格出卖他们的产品。规模较大的垄断生产者必须进行特别的分析；马克思预见了大规模企业的出现，但是，他把修正理论的任务留给了他的后继者。马克思的货币理论也主要是根据19世纪的情况制定的，因为他认为货币是以黄金为基础的。

如果读者了解马克思所处的时代在经济方式上与现代社会的差别，那么，《资本论》就更容易理解了。马克思所采用的大部分范例都是来自英国；正如他向德国读者所解释的那样，英国是资本主义的“典型”，是第一个资本主义国家，在当时是最先进的并提供最好的文献证明（和许多德国人一样，马克思习惯于把英国称为“英格兰”；他在书中列举的许多事例都出自苏格兰）。

资本主义生产表现为雇佣工人运用资本家提供的原材料和设备进行生产。在19世纪中期的英国，这种组织形式占统治地位，但在别的地方几乎还未出现。即使在美国也是小农场主占优势。在英国，大部分产品是由单个的“独立”工人，和那些以“户外工作”为基础的家庭手工业者生产的，他们依靠商人向他们提供原材料和购买产品。在主要运用蒸汽力量进行生产的棉纺织业，却存在例外情况。马克思在描述“近代工业”时，他对某些事情的说明是非常新颖的。

英国当时是最富裕和最先进的资本主义国家，但是，如果用现代的标准来衡量，它仍然是贫穷的。在这里，我们并不是要拿当时的情况同现在的情况作严格的比较，然而，正如马克思引用的证据所表明的那样，那时无可争辩地存在着工作时间过长和工资过低的事实。

拿现代的标准来看，那时的营业规模还很小。企业通常是由个人（或家庭或全体合伙人）控制，并且由他直接管理，因而，他作为个人与处于工厂底层的工人相对抗。个体资本家几乎不能或完全不能控制市场，而必须按照通常价格出卖产品，否则，就根本卖不掉。要解释为什么竞争完全不能排除利润，的确是有困难的。马克思的剩余价值理论试图回答这个问题。有些大规模的资本主义企业（铁路业尤其显著）是以股份公司（有限公司）的形式组建的，股票可以转让，并实行专业管理。它们预示了将要到来的事物，然而，马克思预见了资本主义的毁灭会打断这条发展之路。

在英国，农业仍然是最大的产业，而且在19世纪，英国的农业几乎是唯一真正按照资本主义的方式进行组织的，土地所有者榨取地租，农业雇佣工人从事耕作，资本家和农场主处于两者之间。马克思认为，通过驱逐自耕农而产生的资本主义农业，在产业资本主义的形成中起到了关键性的作用。

在英国和其他大多数国家，货币制度都是以黄金为基础的。私人银行完全是按需要支付一定数量的货币。英国票据银行一直声称“我行只按需要向持票人支付一定数量的货币……”，并且须有首席出纳员的签字，但现在这已经成了一句空话，但在马克思所处的时代并不是这样。英国银行在那时归私人所有，并处于货币体系的中心地位，这是由于它长期以政府的银行家身份出现。它发行的纸币在整个国家流通，并能兑换成黄金。马克思常常根据当时英国的通货来表示货币总额。一英镑为二十先令，一先令为十二便士。例如，六先令八便士为三分之一英镑。

各资本家企业之间的交易大多数是通过“汇票”进行的，这种方式如今已经很少采用。马克思所说的“信用体系”即是这层含义。当A出卖商品给B时，他可能通过填写一个“票据”（必须在将来的特定日期支付）给B提供信用，B必须在上面签名以示“接受”。而A则不必等待B向他支付货币，A可以把票据转交给他的债主（于是，票据便在一定程度上充当了货币），或者他可以把票据卖给银行。银行拿到票据后，将出借货币，直到这张票据被支付为止，并要扣除利息，这叫票据贴现。企业之间一般会商定通过伦敦的银行支付他们的票据，而且这些票据也常常是在伦敦的银行里兑付，这样，各种票据经常是在伦敦银行通过互相抵消来结账，而没有实际的货币易手。这就是为什么马克思常把信用制度说成是一种节约地使用货币的方式的原因。后来，支票以银行存款交易的方式几乎完全取代了各种票据，这种方式马克思几乎没有提到，现代经济学家把银行存款当作是一种货币形式；而马克思从来没有这样认为。

成年后，马克思在英国看到了发达的资本主义，他是在特里尔长大的，那时特里尔几乎没有受到产业资本发展的影响。马克思最早论述的经济问题之一是有关农民到森林里拾柴的权利问题；1836年在普鲁士，几乎有四分之三的刑事诉讼涉及侵占私人土地、偷猎等之类的问题。在马克思看来，从社会的早期形式中发展而来的资本主义，并不是一个纯粹的历史问题。在整个西欧，资本主义的发展远不如英国。工厂生产也不发达，商人起着重要的作用，而且是自耕农占优势。然而，马克思清楚地知道（这是很多与马克思同时代的人所不了解的），资本主义的英国展示了整个欧洲当时正在走的道路。

在《资本论》中，马克思甚至进一步从纯粹的资本主义方式出发，对世界的其他部分做了论述。美国的奴隶制度和俄国的农奴制都顽强地维持到19世纪60年代，那时《资本论》已经完稿。在印度和中国，盛行着另一种生产方式，马克思曾把它称为“亚细亚”方式（后来的研究引起了对马克思有关亚洲社会的描述表示怀疑）。在马克思时代，非洲社会实际上不为欧洲所了解。马克思自信地断言，整个世界将首先过渡到资本主义，然后进化到社会主义，在马克思生活的时代，这是想象力的一种非凡的跳跃。

CONTENTS

目录

第一卷

资本主义生产

第一篇　商品和货币

众所周知，理解《资本论》最初几章是非常困难的。部分原因在于马克思的文体，这种文体更甚于黑格尔，因而开篇几章比起后面几章更为晦涩难懂。一个更为实质性的问题是，马克思在进一步展开分析之前，试图依次引入每一个概念，并给出严格的定义。这是一件几乎无法办到的事（第一个概念应该用什么文字来下定义呢?），因此，《资本论》第一篇看起来非常抽象。没有考虑实际的交换过程，马克思一开始就讨论“交换价值”。而在第二章“交换”才首次出现，“货币”一词出现得更晚。书中最早的一些概念只有随着后来的反复使用，才能够充分地理解。也许这才是最好的办法，在初次阅读时，尽快地通读这几章，然后再回到开头重新开始。

第一章　商　品

I. 商品的两个因素：使用价值和价值

资本主义社会有两个显著的特征。首先，它是一种商品生产体系，也就是说，在这个社会中，物品生产出来是为了买卖；其次，它具有资本属性，在这个社会中，生产由工人的雇佣者——资本家控制。马克思开始仅仅分析第一个方面，开篇几章未出现“工人”和“资本家”的字眼。“货币”起先也隐藏在后文中，因而当交换发生时，好像是一种物品直接和另一种物品相交换。

商品被定义为用来和其他商品相交换的物品。

所有商品都有使用价值，即它们能够直接或间接地满足人的某种需要。在这里，需要本身的性质无关紧要，不包含任何道德判断。在一个好战的社会里，武器也能满足某种“需要”，从而可以作为使用价值，如此而已。

商品还具有交换价值，即和另一种东西相交换的属性。

对于所有社会来说，人类生活的某些方面是相同的；对于某一特定社会来说，人类生活的某些方面又是特殊的。这种一般和特殊的差别，马克思在《资本论》中始终保持一系列严格的区分，其中首要的就是使用价值和交换价值之间的差别。由于人类有各种各样的需要，如吃、住等等，任何社会不可避免地都要产生这种或那种使用价值。然而，交换关系却只会出现在某些社会中，即生产商品的社会中。没有交换，当然就没有交换价值。任何商品都必须具有使用价值，如果没有使用价值，就无人购买。但许多具有使用价值的东西并不用来交换，因而永远不会变成商品。

X 单位的一种商品可以和 Y 单位的另一种商品相交换，从而证实不同商品之间有一种量的关系。马克思断言，由于这种量的比较关系是成立的，因而用来交换的商品之间肯定包含着某种共同的属性，他把这种属性叫作价值（不带附加的限制）。这种共同属性不会是重量之类的物理属性，因为物理属性是商品使用价值的一部分。所以，共同属性仅表现为它们都是劳动产品和与价值属性有关的劳动，马克思叫作抽象劳动（在下一节进一步讨论）。虽然马克思的这种论点提出来时难以令人信服，但劳动价值论必定会被它在整个体系中的运用所证明。[①]

马克思接着讨论了价值量的大小。一种商品究竟包含多少价值呢？他指出，商品的价值取决于体现在商品中的社会必要劳动量。生产商品

① 不能孤立地评价劳动价值论，因为这将涉及一系列问题，特别是“转型问题”，即价值和价格的关系问题（马克思在第三卷第二篇加以详细论述）。参考文献很多，下面所列举的只是想为进一步阅读提供一个可能性的起点。

所需要的劳动时间“是在现有的社会正常的生产条件下，在社会平均劳动熟练程度和劳动强度下制造某种使用价值所需要的劳动时间”。

关于马克思主义经济学有许多一般性的著作，其中两部为：

Meghnad Desai, *Marxian Economics* (Oxford, Blackwell, 1979).

M. C. Howard and J. E. King, *The political Economy of Marx* (Harlow, Longman, 1975).

有关劳动价值的各种观点，可参阅：

Ian Steedman *et al.*, *The Value Controversy* (London, NLB, 1981).

对于在形式上恰当解释“转型问题”和生产价格的决定因素，现在的看法一般是一致的。第一个正确的解释是由于L. 博特凯威茨于1907年作出的，其理论被以后的学者加以完善。参阅迪塞或霍华德和金的著作。争论集中在两个问题上。

首先，由于生产价格已经能够直接从物质生产和实际工资的数据直接得出，劳动价值现在是否多余呢？参阅：Paul A. Samuelson, ‘Understanding the Marxian notion of exploitation: a summary of the so-called transformation problem between Marxian values and competitive prices’, *Journal of Economic Literature*, 9, (1971), 399 - 431.

Ian Steedman, *Marx after Sraffa* (London, NLB, 1977).

Anwar shaikh, ‘The poverty of algebra’ in Steedman *et al.*, *The Value Controversy*, pp. 266 - 300.

其次，剩余价值是实际利润充分必要条件这一马克思的基本原理有助于马克思的分析并在联合生产的条件下有效吗？

Michio Morishima, Marx’s Economics (Cambridge University Press, 1973).

Michio Morishima, ‘Marx’s economics in the light of modern economic theory’, *Econometrica*, 42 (1974), 611 - 32;

Ian Steedman, ‘Positive profits with negative surplus value’, *Economic Journal*, 85 (1975), 114 - 23.

Michio Morishima, ‘Positive profits with negative surplus value - a comment’, *Economic Journal*, 86 (1976), 599 - 603.

Steedman’s reply, ibid, 604 - 8.

Elmar Wolfstetter, ‘Positive profits with negative surplus value: a comment’, *Economic Journal*, 86 (1976), 864 - 72.

Steedman’s reply, ibid, 873 - 6.

一条有点差别的途径是从规定“剥削”尺度和检查价值概念出发。参阅：

John E. Roemer, *A General Theory of Exploitation and Class* (Cambridge, Mass., Harvard University press, 1982).

Heinz Holläoder, ‘Class antagonism, exploitation and the labour theory of value’, *Economic Journal*, 92 (1981), 868 - 85.

上面列举的许多论著都运用了相当的数学方法，也应该运用，因为价值和价格在量的关系方面不能缺少数学论证，如果说在别的方面失败了，那么，可以在这样的基础上为马克思关于这一问题的理论辩护，这就是至少对于不是数学家的人来说，他的理论是容易领会的。

（第 39 页）[1] 个别商品的价值并不取决于生产它的个别场合所耗费的实际劳动时间，而是取决于社会必要劳动时间，价值是一种社会属性，不是个别的现象。一个动作缓慢的工人比一个动作敏捷的工人所生产的价值要少。价值没有伦理道德内容，完全是一个专业术语。如果制造一枚炸弹和画一幅油画耗费了等量的社会必要劳动，那么，它们就有相等的价值。而从任何道德观念来看，没人敢断言这两者具有同样的受欢迎程度。顺带提一下，马克思没有解释这样的问题：当一种商品和另外一种商品共同生产出来时，如果计算商品的价值，比如，通过羊的饲养，农户同时生产了羊毛和羊肉，那么，多少劳动应归为羊毛的生产，多少应归为羊肉的生产？

Ⅱ. 体现在商品中的劳动二重性

使用价值和交换价值的区别进一步表述为劳动的两个方面：有用劳动和抽象劳动。有用劳动是生产使用价值的劳动，是所有社会中“永恒的自然必然性”（第 42—43 页）。使用价值种类繁多，同理，有用劳动也是种类繁多，各有差异。在一个商品社会，从事不同工作并相互交换产品的个体生产者之间存在着复杂的分工。没有分工，也就没有商品生产或商品交换，因为交换的目的是用一种商品换得另一种商品。无论如何，原则上没有分工（比如，没有男仆“星期五”的鲁滨逊），有用劳动可以存在和发展，而没有市场上的产品交换（比如，在一个自给自足的公社中），分工也能存在。马克思准备用“社会分工”这一术语来概括互相出卖产品的独立生产者之间的分工，这种分工和诸如一个家庭、

---

① 如果不作特别说明，本书正文中的所有引文均出自《资本论》，莫斯科外文出版社，一卷，1961 年版第二卷，1957 年版第三卷，1962 年版所注页数和有关卷相应（原著者所用《资本论》为莫斯科外文出版社出版的英译本。在译成中文时，个别引文由于上下文需要据英译本译出，并附注说明。为方便读者，绝大部分引文则采用《资本论》中文版的译文，所注页数和《资本论》中文版有关卷相应。请参阅《资本论》第一卷、第二卷、第三卷，中共中央马恩列斯著作编译局译，人民出版社 1975 年版。——译者注）。

一个工厂或一个原始部落内部的分工是不同的。马克思还指出，自然和劳动对于生产使用价值都是必要的，在他的使用价值观点中，他并没有认为劳动是财富的唯一来源。

无论如何，在一个商品生产的社会中，各种不同种类的有用劳动也有共同的特点，它们都产生交换价值。而只有不考虑使用价值的生产，仅仅从劳动产生价值来看，劳动才被叫作抽象劳动，即“人的大脑、肌肉、神经、双手等等的生产耗费……一般人类劳动的耗费”（第 44 页）。（在生产价值的同时，某种使用价值肯定也被生产出来了，因为一个商品不可能仅有交换价值而无使用价值）。

熟练劳动是一个问题。马克思指出，熟练劳动等于倍加的简单劳动，在抽象劳动的意义上，一个小时的熟练劳动可以等于两个小时的简单劳动。显而易见，根本问题在于什么决定着多少简单劳动和一小时某种熟练劳动相等。马克思声称这个等式并没有什么问题，是在实践中通过熟练劳动的产品和非熟练劳动的产品之间的交换，由“在生产者背后持续进行的社会过程”（第 44 页）中重复实现的（当然，此处完全不涉及工资）。这是一种循环论证（当以交换价值量来计量等量的劳动量时，价值量又由劳动量决定），这种论证已经成为批评的目标。①

商品价值并非凝结在商品中始终不发生变化。如果劳动生产率提高，生产一定物品的社会必要劳动时间就会减少，物品的价值也就会下降。另一方面，相同时间的平均劳动所创造的价值总是相等的，尽管同一时间生产的使用价值量可能会发生变化。

这里提出的价值概念是不清晰的。它是马克思所谓的他所发现的

---

① 关于不同劳动问题的讨论情况和书目提要，可参阅：

Samuel Bowles and Herbert Gintis, ‘The Marxian theory of value and heterogeneous labour: a critique and reformulation’, *Cambridge Journal of Economics*, 1 (1977), 173 – 92.

Michio Morishima, ‘S. Bowles and H. Gintis on the Marxian theory of value and heterogeneous labour’, *Cambridge Journal of Economics*, 2 (1978), 305 – 10, with a reply by Bowles and Gintis, *ibid*, 311 – 14.

（一定意义上）真实事物呢？还是一种比前人更为准确的描述？抑或是马克思为了分析资本主义而独创并下了定义的一个概念？任何一种理解都是没有问题的。

在任何情况下，马克思都没有说过“物品的实际交换是依照它们相对价值的比率来进行的”之类的话。比如，如果一蒲式耳小麦和一件衬衫包含着同样多的社会必要劳动时间，因而具有同样的价值，也不能说在实际中它们就会按照一比一的比例进行交换。在《资本论》前两卷主要的理论部分中，马克思明确地假定，简而言之，价格和价值是一致的。而在第三卷第二篇，他进一步解释了价格和价值之间的关系。在前两卷，他只是偶然、非正式地提及市场价格和价值的偏离。

Ⅲ. 价值或交换价值的形式

马克思接着讨论了商品交换价值中价值的表现形式。他从简单的商品等价关系开始，逐渐建立起折算为货币价格的价值表现形式。阅读这一节的主要困难在于缺乏耐心和不理解马克思为什么在这个问题上花费如此长的篇幅。也许是马克思感到有责任将他的思维过程说明清楚，因为找到价值的“始终如一的标准”是马克思时代经济学家们（或者更确切地说，是马克思以前的经济学家）最为关切的事。这一史实如今已经被忘得一干二净，而马克思的主要论点确实比表面上来简单多了。

要记住，实际价格和价值的偏离在这里被略而不论，这是非常重要的前提。马克思关心的是交换价值质的内容和度量单位，而不是一种物品和另一种物品交换时精确的数量。

马克思先提出了两种商品之间的价值等式（20 码麻布 = 1 件衬衫），区分了相对价值形式（等式表现的是麻布相对于其他商品的价值量）和等价形式（衬衫在这里是表现价值的材料），它们可以相互代替（1 件衬衫 =20 码麻布）。劳动作为价值实体，不会在两方都显现出来。由于交换总是一种商品和另一种商品的交换，因而一种商品的价值只能依据它和另一种商品的价值关系表现出来。一种商品本身具有使用价值，但在和其他商品的关系中只具有交换价值。由衬衫表现的麻布的价值可以发生变化，这是因为，要么是麻布本身的价值起了变化，要么是衬衫的价值起了变化，或者两者同时起了变化。

在结束个别的或偶然的价值形式的讨论时，马克思指出，“商品的简单价值形式同时又是劳动产品的简单商品形式……”（第 61 页）马克思的论证是按照理论的逻辑顺序展开的，但在一些场合（仅仅是一些），他也提示，历史的发展也遵循着同样的逻辑顺序。① 这里要表达的是，交换首先表现为个别产品之间孤立的、偶然的物物交换。

在一个发达的商品生产社会中，任何产品都可以用来和另一种产品交换。马克思接着分析了从扩大的价值形式到一般的价值形式的发展。在一般的价值形式中，所有商品的价值都是通过其中一种商品的价值来表现的，即“一般等价物”。在实践中，充当货币、作为一般等价物的特殊商品是在社会过程中得到确认的。马克思指出，从本质上说，货币也应是一种商品，作为劳动产品，它具有本身的价值。在马克思的时代，黄金是货币标准，他认为纸币一旦偏离了这个标准，就会失去黄金的支持。今天，纸币通常没有黄金（或别的东西）的支持。

Ⅳ. 商品拜物教

接下来，马克思转向一个非常独特的问题。他不仅要解释资本主义

---

① 对于马克思理论发展的逻辑顺序和人类社会实际的历史发展进程之间的关系，特别是和“历史形成问题”的关系问题，已经有了很多讨论。所谓“历史形成问题”，就是在充分发展的资本主义以前，是否存在一个历史时期，在这个时期中价格和价值基本一致。马克思本人就这个一般问题在《政治经济学批判》的前言中的观点，可参阅本书附录三。对于现代的讨论有兴趣的，可参阅：

Ronald Meek, ‘Karl Marx’s economic method’ in R. Meek, *Economics and ideology and other Essays* (London, Chapman and Hall, 1967).

M. Morishima and G. Cataphores,‘ Is there an “ historical transformation problem ”?: an interchange’, *Economic Journal*, 86 (1976), 342 – 52.

制度是怎样运作的，而且要说明为什么必须做出解释，为什么这种制度的运作方式不是直接明显地表现出来，人们是怎样逐渐形成对这种制度的（不充分的）理解的。基本观点是这样的，商品生产系统的存在是不易察觉的，因为人们之间的（经济）关系主要表现为物的买卖。买卖双方只是与他们买卖的物发生联系。商品的社会属性被转移到物质上面，马克思称作拜物教（是指把超自然的力量归结为某种物的属性而产生的宗教崇拜）。马克思在整部《资本论》中都在回答这个问题，但有时回答得过于简单而使人难以理解。

商品生产的前提条件是劳动的社会分工，在社会分工体系中，个体生产者互相依赖。一旦这种分工体系完善地建立起来，不同商品的价值就表现为其本身固有的属性，价值的社会基础就会变得模糊不清。货币就表现为价值的天然化身（马克思对货币结构的描述相当枯燥，它作为价值关系的一种特殊形式在上一节已经有所说明，会让读者消除对货币产生的幻觉）。

马克思没有完全否定日常生活经验的有效性。在生产面前，“私人劳动的社会关系并不像劳动中的社会关系那么直接，而是真实地表现为人们之间的物质关系和物品之间的社会关系。”（第 73 页）“资产阶级经济学的各种范畴”“对于历史上特定的社会生产方式即商品生产的生产关系来说，这些范畴是具有社会效力的，因而是客观的思维形式”（第 76 页）（这两段前言是强调上述论点的）。这并不是因为人们目光短浅，而是因为愚蠢，他们基于个人经验，从某个特定的角度观察社会，其结果造成对社会的理解受到限制，带有片面性。

其他生产方式比较容易认识，部分原因在于它们本来就不太复杂，部分原因在于我们是从外部来观察它们的。例如，在中世纪的封建社会，农奴在地主的土地上劳动，这是显而易见的事实，毋庸置疑。不同社会之间的比较是为了说明资本主义不是自然的、永恒的社会，而是一个能被取代、有历史局限性的特殊组织形式。这是《资本论》又一个被重复的主题。

回到第 1 章的主题，马克思的目的已经初见轮廓。第一，他要依据实际的生产过程来揭示经济制度的运动。第二，他要通过交换价值（在一个充分发展的资本主义社会是剩余价值或利润）的生产过程，揭示使用价值的生产怎样被控制，并且要说明交换价值和剩余价值怎样成为一个特殊的、历史的社会组织形式的结果；第三，他要说明经济活动中的个体如何看待经济制度；第四，（到目前为止，这一点几乎没有出现）他要追溯资本主义的历史起源和后来的发展，并且预示其未来的发展，即资本主义的灭亡和社会主义的代之而起。

第二章　交换过程

商品交换是商品所有者之间的一种交易。在第一章，马克思在理论上把商品看作是可交换的物品，但他未对商品交换的实际过程进行讨论。现在，他要弥补这个遗漏。

商品所有者拥有一部分他不需要的商品，对他而言，这部分商品没有使用价值，只是能够为自己换取满足自身需要的商品。

交换若能发生，交换的双方必须承认对方是自己商品的所有者。个人的私有权是交换的前提，或者说是交换的伴随物（二者一起发展）。在产品归社会成员共同占有的原始社会中，交换只是发生在彼此分离的原始公社之间，随之，交换渗透到公社内部，公有制被瓦解了，同一公社内部不同成员之间的交换开始出现。起先，交换是孤立的过程，是由个别的、偶然的商品剩余或短缺引起的，不受价值规律的调节。当商品生产成为占统治地位的组织形式时，价值才成为调节者。在商品交换成为普遍的、规律性的现象时，价值由某种社会承认的一般等价物来衡量才成为一种特殊需要，因此，货币出现了。不论是指责货币造成了许多社会问题，还是企图保留商品交换而废除货币（就如马克思时代的许多

“社会主义”改革者做的那样)，这些做法全都是无济于事的。货币和交换必然形影相伴，决不能在保留一方的同时废除另一方。

贵金属性质稳定，易于分割，因而特别适宜担任货币商品的职能。马克思再三强调，黄金和其他商品一样，也是商品；黄金具有价值，不是因为它作为货币被使用，而是因为生产黄金耗费了人类劳动。

第三章 货币或商品流通

I. 价值尺度

货币在执行价值尺度的职能时，不需要实在的黄金（就如我们说某物长一英尺，但我们并不需要手里拿着一英尺长的尺子)。但是，商品的价值仍然要由黄金的物理量来表现，比如，一吨铁可以和两盎司黄金具有同样的价值（即，包含着同样多的劳动)。这种相等是可能的，黄金肯定本身就具有价值。

在实际生活中，价值或价格不是用黄金的单位盎司来计量，而是用英镑、美元、法郎等常用单位来计量，在金本位制中，价格标准（如英镑）是以黄金的一定的物理量作为名称的，并且能够通过法律强制确定。在英国，就马克思所处时代的货币来说，一盎司黄金等于 3 英镑 17 先令 10 便士。因此，如果一吨铁和两盎司黄金有同样的价值，铁的价值就等于 7 英镑 15 先令 9 便士。黄金的价值变动不会改变价格标准，除非这种变动确实改变了价格标准所表现的价值。另一方面，价格标准的法律规定，不会改变任何物品的实际价值，它只不过规定了计量单位的名称而已。

由于有关商品价值的变化，或由于黄金的价值的变化，货币价格可能提高或下降。商品的价格也会背离等价的黄金所表示的价值。商品生产的社会不是由中央权力控制，而必定是由与价格波动相关的市场机制来支配。生产过剩本身要由价格下降来调整，仅此而已。这种观点在马克思早期的一些著作中更为清楚，在这些著作中，他批评了“价格总是力图固定下来以便与价值相适应”的观点。市场制度的规律“只能作为没有规则性的盲目起作用的平均数规律来为自己开辟道路”。(第 102 页)

在这里，要对专业术语多加注意，这样可以避免此后可能发生的混乱。严格地讲，不应该说一个商品有 X 英镑的价值，而是应该说它的价值相等于 X 英镑表现的黄金所包含的价值。价值实体是劳动，而不是黄金。马克思偶尔会认真地指出这一点，虽然并不经常。在谈到等量的货币价格符合（或不符合）等量价值时，人们将看到这样的陈述，即价格和价值相等（或不等），或者，价格和价值成一定比例，就如马克思在第一章所表述的那样，不管一种商品用多大的数量去和另一种商品交换。

Ⅱ．流通手段

在商品所有者出卖自己的商品之后再去购买别人商品的过程中，他要先得到货币，然后又花掉货币。货币在这里就执行着流通手段的职能。马克思用一个公式表示这个过程，即 $C-M-C$。这个公式说明个人拥有的价值在持续不断地改变形式，开始是商品（C），通过交换，商品（C）变为货币（M），然后再通过交换变为一系列不同的商品（第二个 C）。一个卖者的商品所能实现的价格是由市场竞争即由不依赖于任何个人意志的社会过程决定的。如果一个商品所有者要完全出卖他的商品，他就必须找到一个持有货币并愿意购买它们的买者。以此而论，这个买者也必须通过卖出产品来取得货币，如此循环。每一个简单的交换过程都与其他所有的交换互相联系，从而形成商品流通。

在论述商品流通以后，马克思提到并驳斥了萨伊定律：“有一种幼稚的教条：商品流通必然造成买和卖的平衡，因为每一次卖同时也是买，反过来也一样。”（第 113 页）如果确实如此，那就意味着普遍的商品产生过剩（相对于需要而言）不可能存在，那也就没有马克思以后所讨论的生产过剩的危机了。

在 19 世纪 30 年代凯恩斯的著作问世以前，萨伊定律被非马克思主义经济学家广为接受，虽然不是马克思所批判的囫囵吞枣式接受。尽管危机的发生是不容否认的事实，但他们一致认为，危机是对市场制度的平稳运行进行某种干预而产生的结果，如错误的货币政策、错误的工资和价格管理等。

当然，马克思并不否认，每一次实际的卖也是其他人的买。他明确地提出，一个自愿的卖者总是能找到买者的情况并不是随时存在的。如果货币持有者（由于某种理由）拒绝支出货币，其他人将发现自己就不能卖出商品，他们因此也就没有货币去购买。这样，生产者无法卖出商品的逻辑可能性以及由此导致的危机的可能性就出现了。但正如马克思所强调的，危机的实际发生还必须通过很长的过程来确立发生危机的环境条件。

商品从生产到消费，需要一个完整的流通过程。流通过程作为一种输送装置，把商品从生产者手中送到消费者手中。同时，在流通过程中，货币的（输送带）转手循环也在持续不断地进行着。商品流通所需要的货币量，依赖于交换量的大小（两倍之多的交易量需要两倍之多的货币）和商品的货币价格（如果价格增加一倍，转手的货币也要增加一倍）。马克思还指出，货币的流通速度也是决定货币流通量大小的因素。如果货币流通加快一倍，就只需要原来一半的货币量与原来的交换量相适应。

假定黄金现在能够更便宜地生产出来，进而黄金的价值下降了。那么，更多的黄金现在要来表现同样的价值（表现为黄金价格的提高），因而流通中将需要更多的货币。这是怎么发生的呢？一开始，生产黄金的费用降低，而货币价格维持现状，黄金的生产变得更加有利可图。于是，更多的黄金被生产出来并用于其他商品的交换。过多的需求导致价格上涨，并且迅速扩展到整个社会，造成更高的价格水平和更大的货币流通量，直至达到一种新的平衡。黄金的价值和商品交换量共同决定着流通中的货币（黄金）量。在这里，马克思抨击了“货币数量论”（和现在一样，当时这种理论也被广泛接受）。这种理论认为，流通中的货币量决定货币价值。马克思说，它们的因果关系恰恰相反。当然，马克思的论点仅适用于商品货币（黄金）的情况，而不适用于今天不兑现纸币的情况。

铸币最早只是简单的、一定标准的贵金属块，但用辅币或纸币替换它们是可能的。在政府的支持下，纸币和辅币就能够流通并取代流通中所需要的黄金量，但不管怎样，如果纸币发行过多，它在交换中的价值就会按一定比例下降。货币数量论还是适用的，但仅仅适用于纸币，不包括黄金。

Ⅲ. 货币

货币之所以能够贮藏起来（作为停止运作的黄金被储备积累起来）而不必中断流通，是因为黄金被持续不断地生产出来，同时又能从购买其他商品的贮藏者那里获得。由于货币能够随着流通变化的需要或从贮藏中流出，或被贮藏吸收，因而货币贮藏仅执行一种职能。

商品能够赊买，在这种情况下，可以延期支付，购买商品时不必使用货币，但要建立债务关系。货币还可以在非商品买卖的事务中使用，用来支付税金、租金等等。当货币用来清偿债务时，就是作为支付手段在执行职能。而在商品现金交易中，货币是购买手段。在一个广泛使用信用关系的社会中，各种不同的债务能够相互抵消，从而可以节省交易中的现金。这里没有考虑采用支票由银行转账清算的方式，和今天相比，这种方式在马克思的时代还不太重要。

发生货币危机（这是资本主义总危机的一个阶段，在这里不再展开讨论）时，出借人会突然要求偿付现金，不会再扩大赊卖。

在一个国家里，金属货币能够通过政府强制手段由辅币（硬币和纸币）代替，在国际贸易中，只能用贵金属结算，国家银行为此目的而进行金银储备。但进一步来看，情况已经发生了变化。许多国家的通货（比如，享有盛名的美元）现在代替黄金而被使用，这些情况已经广为关注。自马克思的时代以来，货币的实际状况已经发生了很大的变化，原来的货币理论也就需要加以修改，以便适用于现代经济环境。

第二篇　货币转化为资本

第二篇包括三章，作为一个单独的部分，虽然篇幅不长，却是马克思资本主义研究思想的核心内容。

第四章　资本的总公式

马克思在讨论“资本”时，并没有急于给出定义。关于资本的初步定义在本章结束时才第一次出现，尽管马克思对“资本”的定义贯穿于《资本论》的三卷中。马克思告诉我们，“全球贸易和全球市场在16世纪开创起来”，资本最初是以货币形式“作为商人资本和高利贷资本”出现的。(第146页)

资本的公式，或者说资本流通的公式是 $M-C-M$。资本家开始拥有一定量的货币（M），购买商品（C）后又出卖商品，最后重新获得货币（第二个 M）。马克思把第一个阶段（$M-C$）称为“资本预付阶段”，把第二个阶段（$C-M$）称为“资本实现阶段”。

如果资本家重新获得的只是与起初预付资金同等数量的货币额，那么，整个流通过程就是毫无意义的。因此，马克思把资本流通公式改写为 $M-C-M'$，其中 M' 表示比 M 更大的一个货币额。在流通结束时，资本家得到一个增加的货币额，即 M' 减去 M 的值，马克思称之为“剩余价值”。资本流通就是产生剩余价值的过程或活动。马克思为了论证这一公式，在本章末尾部分指出：“资本的最初解释者重商主义者就是

这样描述资本的。”（第 155 页）

资本流通公式 $M-C-M'$，不同于简单商品流通公式 $C-M-C$。简单商品流通的目的是购买某种商品来满足一定的需要，因而这种需要的范围是商品流通过程的界限。对比之下，资本流通的目的是货币价值量的扩张，因而是没有止境的，资本家的目的“只是无休止、永不结束地谋取利润”。（第 152 页）

“因此，价值成了处于过程中的价值，成了处于过程中的货币，从而名副其实地成为资本。”（第 154 页）资本是价值，但不被定义为某种具体物品（如货币、商品）中所体现的价值，而是关系到剩余价值的产生过程。马克思的资本定义和非马克思主义经济学家十分不同，后者认为资本是一系列特殊商品，是进行生产所需要的建筑物、机器设备等生产资料，而财务和商业人员对这个术语的定义与马克思较为接近。当马克思谈及一定数量的资本（比如，“100 万英镑的资本”）时，是指一定数量的价值，这笔价值不断地发生形式变化，从货币变为商品、再回到货币形态。他常常谈到一个资本，这是指一个具体的企业或单个资本家的资本。附带说一下，资本家的作用始终没有被充分讨论过，他们只是被当作资本的所有者。

第五章　资本总公式的矛盾

在用公式 $M-C-M'$ 对资本下定义时，马克思还没有对剩余价值的产生做出任何说明。他仅仅提出了一个问题：在公式中，剩余价值是怎样产生的？在第 5 章，马克思故意留下一个谜题，似乎要表明，剩余价值是不可能存在的；而在第 6 章，他将回答自己所提出的这个难题。

在这里，首先对马克思对于使用价值和交换价值的严格区别进行回顾。当商品进行交换时，双方得到的都是使用价值，每一方都拥有自己不需要的商品，通过交换得到自己所需要的商品。就交换价值而言，如何交换也不会有丝毫的增加。但是，对最初预付货币和最终收回货币的资本家来说，他们只关注交换价值的增减。

如果是等价交换，流通过程 $M-C-M'$就变成为 $M-C-M$；用 100 英镑买到的商品，然后再以 100 英镑卖出去，绝不会得到丝毫剩余价值。如果商品价格都高于或低于价值，那么，资本家作为卖者所增得或损失的，和他们作为买者所损失或增得的就会相互抵消。马克思为自己确立了一个原则，说明“货币转化为资本，等价物的交换应该是基础”。（第 166 页）他似乎已经觉得自己陷入了困境，但是，继续等待吧……

第六章　劳动力的买和卖

剩余价值不能产生于购买阶段即 $M-C$ 阶段，也不能产生于售卖阶段即 $C-M$ 阶段。马克思这个难题唯一的答案就是，资本家必须买到一种商品，这种商品能够创造额外价值，“它的使用价值具有成为价值来源的特殊属性”。（第 167 页）

只要这样的商品存在着，它就是劳动力即劳动能力；它创造价值，因为劳动是价值的来源。这里，马克思揭示了劳动和劳动力的根本区别。劳动是一种活动而不是一种物品，不能出卖；而当工人为获得一个工资额同意为资本家做工时，劳动力就出卖了。工资是劳动力的价格。

劳动力要能够出卖，必须存在一个自由的劳动者阶级，即无产阶级。马克思说，自由具有双重意义：一方面，工人不是奴隶或农奴，因而可以自由地出卖自己的劳动力；另一方面，他们自由得一无所有，除了劳动力以外没有别的任何商品可以出卖（在英语中寻找适当的词语表达这种特殊的意义是相当困难的）。无产阶级不能为自己生产，因为他们不拥有必要的生产资料，如原材料、工具等等；或者说，在通过生产获得利润以前，他们没有购买生产资料和维持生活所必需的货币。

自由的劳动者阶级的存在是历史发展的结果，这个结果是资本借以产生的又一个先决条件。在强调了这一点之后，马克思并没有做进一步的说明。关于资本主义特别是无产阶级的历史发展，马克思将在第八篇详尽论述。

同其他任何商品的价值一样，劳动力的价值也是由生产它的必要劳动决定的。劳动力的价值可以归结为维持工人生活所必需的物质资料商品的价值，这种规定“包括着一个历史的和道德的因素”，而维持工人生活所必需的物质资料的数量“在一定的国家，在一定的时期……是一定的”（第171页）。马克思关于“历史的、道德的因素”的论点，给人们留下了批评的余地；这种论点会引发这样的观点，即劳动力价值是一种被偶然因素决定的东西。它可能高于生理上的物质资料需要，因为任何不一致的出现都可以归因为“历史的、道德的因素”。

马克思继续指出，劳动力价值也必须包括劳动力再生产的费用，即在适当时期为补充劳动者所必需的赡养子女的费用，以及工人提高劳动技能、接受培训和教育的费用。

劳动力的价值被当作一定时期内劳动能力的价值。马克思通常用天数来衡量劳动力，因此他认为，劳动力的日价值就是维持工人及其家庭一天生活所需要的商品的价值。如果体现着半天劳动的商品能够用于“生产”一天的劳动力，比如体现6小时劳动的商品足够维持一个工人12小时的劳动，那么，剩余价值的各种可能来源就一目了然了。

显然，和其他商品的价格一样，劳动力的价格也会偏离价值，但为了符合前一章确定的原则，马克思一般都假定劳动力按价值交换；决定劳动力实际的市场价格的因素将在后文加以论述；在说明工资为什么不能提高到劳动力价值以上时，劳动者失业后备军的存在是一个关键因素。

一旦资本家购买到劳动力（假定当时他就立即支付工资，而实际上工资通常是在周末支付或拖欠支付的），他必定从买到的劳动力商品上榨取最大的使用价值，即实际的劳动。马克思用一段关于生产领域和流通（交换）领域二者区别的论述结束了本章。在流通中，相互对立的商品所有者至少在原则上是彼此平等的。一旦工人出卖了劳动力，他必须走进生产领域（马克思即将在下文中分析研究的领域），屈从于资本家的权威，因为资本家有权支配和使用购买到的劳动力。

第三篇　绝对剩余价值的生产

在第一篇，马克思建立了商品生产和商品交换的概念体系，第二篇论证了剩余价值并非来源于交换，剩余价值的产生必须来自劳动力的购买和在生产中的使用。下一步，他要分析资本主义的商品生产和剩余价值生产。他以个别资本的生产过程作为整个资本的代表，并且假定商品按价值进行交换。第三篇的标题“绝对”剩余价值，将在第 12 章和“相对”剩余价值做比较时予以解释。

第七章　劳动过程和剩余价值的生产

资本主义生产可以从两个方面进行考察：使用价值的产生和交换价值与剩余价值的生产。第 7 章分为两部分依次论述。

Ⅰ. 劳动过程即使用价值的产生

马克思首先讨论了劳动过程即生产活动，也就是一般所说的使用价值的产生过程。任何社会都必须生产各种各样的使用价值，劳动“是人类生活的永恒的自然条件”。（第 184 页）

人类劳动是有目的的，首先要在头脑中构想一个计划，然后付诸实施。马克思说，在这个方面，人的劳动不同于蜜蜂、蜘蛛等其他动物的活动（尽管马克思对于蜜蜂的“心理活动”知之甚少）。无论如何，这里的观点都是这样的；在资本主义制度下，生产目的是由作为工人劳动力所有者的资本家确定或强加的。在早期著作中，马克思证明了有目的的生产是“人类本性”的一个部分，工人在资本主义制度中遭受着“被疏远”的痛苦，因而他们的生产活动是违背个人意愿而强加于他们身上的。而在《资本论》中，马克思回避了对人类本性的讨论。对于马克思的早期著作和《资本论》中观点的变化，一直存在争论。资本主义制度下劳动的强迫性及其引起的自由丧失，自然是《资本论》全书的中心思想。

人类劳动在自然环境中进行，并依赖于自然环境，从中持续不断地获得劳动对象（如果它们是劳动过程的产品，就叫作原材料）。自然是劳动对象的最终来源，劳动资料、劳动工具是劳动本身的产品，人是使用工具的动物。考古学上不同经济时代的区别就在于不同劳动工具的使用。劳动资料和劳动对象构成生产资料，用于生产消费（相对于个人消费，个人消费的产品包括食物、衣服等等，用于满足人类的直接需要）。

我们已经说过，劳动过程对于所有社会形态都是共同的。然而，在资本主义生产中，劳动力和生产资料被资本家购买并用于生产，生产过程受资本家控制，产品归资本家所有。

Ⅱ．剩余价值的产生

资本家生产使用价值，只是因为它们是产生剩余价值所必要的手段。一个关于棉纱生产的简单事例说明了这个一般原理。

生产的产品是棉纱，其价值包括生产时所耗费的生产资料的价值和工人纺纱的劳动耗费（均按社会必要劳动计算）。假定劳动力的日价值相应为 6 小时的劳动耗费（即工人及其家庭所消费的商品中物化为 6 小时的劳动），工人拿到相等的货币工资。如果工人工作 6 小时所创造的价值（所消耗的生产资料价值的增加额）恰好等于工资，资本家就没有利润可得。但是劳动者被迫工作更长的时间，比如 12 小时，那么，额外的 6 小时劳动就为资本家创造出剩余价值。这是马克思剩余价值理论的中心论点（当然，资本家必须保证所耗费的只是社会必要劳动，并且没有怠工和浪费，因为浪费的劳动不创造价值）。

第八章　不变资本和可变资本

为了产生剩余价值，资本家用他的货币分别购买两种特殊的商品，一部分用于购买生产资料，另一部分用于购买劳动力。马克思接下来要讨论这两部分资本在价值和剩余价值生产中的不同作用。

消耗掉的生产资料的价值全部转移到产品中去（部分被浪费掉），因为耗费在资料生产中的劳动是产品生产所需要的总劳动的一部分，购买生产资料的这一部分资本并不创造新的价值或剩余价值，它仅仅停留在产品价值中，又通过产品的售卖流回到资本家手里。由于这部分资本在生产过程中不改变自己的价值量，马克思称之为不变资本。当然，不变资本实际的数量不是年复一年固定不变，因为生产规模会发生变化，所需要的生产资料的具体数量及其相应的价值也会随之变化（作为生产资料的生产中技术变化的结果）。不变资本虽然是剩余价值产生的必要条件，但本身并不产生剩余价值，因而是“不变的”。在整个生产周期中发挥作用的机器设备，其价值假定为在其生存期内逐渐地转移到产品中去。

另一方面，劳动力被当作活劳动使用，创造新价值和剩余价值。用于购买劳动力的那部分资本，在生产过程中会实现价值增值，因而马克思称之为可变资本。当然，这里的“可变”和资本从一个生产过程到下一个生产过程的变化无关。在这个阶段，马克思仅仅涉及一个生产过程中预付资本价值的变化。

第九章　剩余价值率

Ⅰ. 劳动力的剥削程度

用 C 代表资本家的预付资本。我们已经看到，它可以分为两部分，预付购买生产资料的部分是不变资本，用 c 表示；购买劳动力的预付部分是可变资本，用 v 表示。于是，就可以用相等的货币额表示价值的数量关系。例如，预付资本 C 为 100 英镑。其中，不变资本 c 是 50 英镑，可变资本 v 也是 50 英镑。马克思规定，在度量 C 和 c 时，只计算一次生产过程中实际消耗的生产资料的价值。事实上，马克思在论述生产时，似乎把生产资料的消耗全都计算在一个叫作生产周期的过程中，实际生产中当然不是如此，因为不同机器设备的生存期是不同的。但这种不同所引起的错综复杂的状况并不影响任何重要的原理。

产品的价值为 $C' = c + v + s$，这是产生剩余价值的源头，劳动创造的新价值是 $v + s$，消耗的生产资料的价值 c 转移到产品中。购买劳动力的预付资本 v，已经增值为 $v + s$。马克思用 s/v 表示剩余价值率或剥削率（预付总资本的比率 s/C 是利润率，将在第三卷阐述）。符号 c、v、s 和比率 s/v 构成了马克思广泛使用的理论体系，所以他特别举出一些事例，以方便读者熟悉。

接下来，马克思开始分析工人的劳动时间，把工作日分为 v 和 s 两部分。在一部分劳动时间中，工人生产的新价值与他得到的劳动力价值相等，所耗费的劳动被称为必要劳动；在工作日的另一部分时间中，工人生产剩余价值，所耗费的劳动被称为剩余劳动。剩余劳动和必要劳动的比率显然等于 s/v，即剩余价值率。

Ⅱ. 产品价值组成部分的表现

产品的全部价值是 $c + v + s$。为了方便理解，对生产过程做出形象的描述，我们可以把产品划分成三个不同的部分，在价值上分别为 *c*、*v* 和 *s*。

Ⅲ. 西尼尔的“最后一小时”

在这里，作者稍稍偏离了主题。纳骚·西尼尔（一位卓越的英国经济学家，他的姓氏是西尼尔，这很容易使人错误地把他当作小纳骚的父亲）① 认为，所有利润都是在工作日的最后一小时生产出来的，因而，他反对缩短工作日。马克思反驳了西尼尔。他解释说，由于剩余劳动大大超过每天一小时，因而工作日长度必须有充分的减少，利润才会消失。但西尼尔忽略了一点：当劳动消失进而产量减少时，不变资本也随之减少了。

Ⅳ. 剩余产品

现在来看第 2 节提到 *c*、*v*、*s* 各个部分在产品上的表现，马克思把代表剩余价值的那部分产品称为剩余产品。

第十章　工作日

到目前为止，马克思剩余价值理论的所有原理都是严格基于他的价值理论发展而来的，只有一个例外，即工作日的长度。显然，按马克思的观点，价值理论本身并不能决定从工人身上榨取而来的剩余劳动。

那么，工作日的长度究竟是由什么决定的呢？答案是：由两个互相斗争的阶级即资本家阶级和工人阶级的力量对比来决定。而阶级斗争的优势怎样从一方摆动到另一方，有关工作日的章节对此作出了真实的描述。在对前面章节做过抽象的分析之后，比预期更大的、更戏剧性的画

① Senior 在英语中意为年长的，一般是父子兄弟同名时对年长者名字所加的注，如 John Smith Senior 为老约翰·史密斯。——译者注

面出现了。同时，这里涉及的概念不像以前使用的严密的经济学概念那样，具有同样严格的理论依据。这里的论点更加不受限制。

Ⅰ．工作日的界限

工作日的界限包括社会的和生理的两个方面（没有人能够一天工作24小时，一周工作7天），这些界限的伸缩性很大。当工人要求限制工作日长度时，资本家则尽力延长工作时间，以获得更多的剩余价值。资本家“只是人格化的资本”“资本只有一种生活本能……那就是吸吮尽可能多的剩余劳动”。（第233页）这种断言在马克思的许多论述中独具特色。在马克思主义者之间也有不同看法。有的人认为，在抽象意义上，显然是可以这样来描述资本家的；有的人则认为，这只是描述竞争过程对资本家发生影响的一种比喻，因为在竞争中，每一个资本家必须榨取最大限度的剩余价值，才能得以生存和发展。

马克思继续说：“于是这里出现了二律背反，权利同权利相对抗……。在平等的权利之间，力量对比就起到了决定作用。所以，在资本主义生产的历史上，工作日的正常化过程表现为工作中的双方围绕着规定工作日界限的斗争，这是……资本家阶级和……工人阶级之间的斗争。”（第235页）“权利同权利相对抗”的话题在马克思的许多著作中都有论述。资本家个人并非都是坏人（尽管个别资本家也许是），也不是他们依仗着本身的优越条件在从事犯罪活动。工人和资本家表现为两种不同的、不可调和的利益和两种社会准则。在这种语境下，任何的道德说教都是毫无意义的。

Ⅱ．对剩余劳动的贪欲

其他阶级社会如奴隶社会、封建社会和资本家一样，都榨取剩余劳动，只是具体表现形式不同而已。

Ⅲ. 剥削不受法律限制的英国工业部门

马克思列举了一些极其明显的超负荷工作量的事例，以此说明法律无法对工作日长短作出有效的限定。

Ⅳ. 日工和夜工

这一节进一步列举了4个事例，在《资本论》中几乎是第一次出现了马克思对他身处其中的社会进行道义谴责。马克思的许多看法是暗示性的，让事实替自己讲话。

Ⅴ. 延长工作日的强制性法律

从资本主义产生到19世纪，资本家阶级得到国家政权的支持，强制延长工作日。在论证过程的这个阶段，国家似乎突然拥有了一种神奇的力量，使阶级斗争的势力对比发生倾斜。马克思从来没有充分论证过他的国家理论，在《资本论》中，“国家”一词也只是非常分散的频率出现。如果连同第八篇“原始积累”一起阅读的话，马克思关于工作日长度的斗争历史的阐述更具重要的意义。

Ⅵ. 劳动时间法的强制性限制

19世纪初期，工作日被几乎延长到生理上的极限，绝大多数人开始转向赞同减少工作时间。马克思描述了这种斗争和英国在工厂法方面所取得的成功。通过1850年的法令，“原则取得了胜利，它在最能体现现代生产方式特点的主要工业部门中胜利了。1853—1860年期间，这些部门的发展速度惊人。同时期还出现了工厂工人体力和精神的复活，这些现象连瞎子都看得清清楚楚”。（第295页）在这段引言中，马克思的论证几乎违背了自己的理论体系，依据这种论证，资本家缩短工作时长后并没有损失什么，因为劳动的强度和质量提高了很多。

Ⅶ. 对其他国家的影响

延长和缩短工作日的斗争集中在首先采用现代机器生产方式的工业领域。英国作为第一个现代资本主义国家，也是这种斗争的第一个中心。随着现代工业的扩展，这种斗争也发展到世界范围。马克思在评论美国（马克思写作《资本论》时，美国奴隶制度废除不久）的奴隶制时指出：“在那些被黑人劳动打上屈辱烙印的地方，白人的劳动也不能得到解放。”（第 301 页）

第十一章　剩余价值的规模和比率

马克思把那些混乱的部分加以整理，完成了《资本论》中关于绝对剩余价值的论述，指出剩余价值率（s/v）取决于劳动力价值和工作日的长度。一个资本家（或资本家集团）所获得的剩余价值量或总量，等于 s/v 乘以 v（即可变资本总量），后者等于一个劳动力的价值乘以所雇佣的劳动者的人数（注意：马克思对同一种比率采用了两种表示方法：s/v 和 a'/a）。只要劳动力的价值已固定，s/v 的提高就有一个限度，因为工作日不能无限延长。

剩余价值与可变资本而不是预付总资本相对应。这种看法似乎与人类的全部经验都有矛盾，因为人们知道，不管总资本中有多少可变资本，等量资本总是获得等量利润。这个难题将在第三卷里得到回答。

要成为一个资本家，需要有一定的最低限额的货币。随着资本主义生产的发展，这个最低限额不断提高，要成为一个资本家也就愈加困难。

马克思也注意到了这一点，他指出：“资本起初是在历史上既有的技术条件下使劳动服从于自己的。因此，它并没有直接改变生产方式。”（第 310 页）资本主义初期阶段的技术转变是《资本论》第四篇的论述主题。这里和第四篇所使用的术语“生产方式”，在一般的意义上是指生产的技术内容和具体组织形式。马克思在《资本论》中的许多地方就是按照这一定义使用这一术语的。但在其他一些论述中，“生产方式”则是具有特殊意义的、重要的专门术语（如“资本主义生产方式”），用来指代社会生产关系发展的几个主要阶段。现代马克思主义者在使用这个术语时往往采用后者的定义。

第四篇　相对剩余价值的生产

在前面三篇中，马克思集中分析了这样的问题：剩余价值是从哪里来的？这个问题的论述涉及一般的资本主义制度和抽象意义上的资本主义。现在开始分析作为劳动生产率变化结果的相对剩余价值。这里的分析为理解资本主义生产的历史发展、理解资本主义从继承上一个社会形态的简单技术到马克思时代的现代工业发展提供了线索。

第十二章　相对剩余价值的概念

马克思把工作日划分为两部分。必要劳动时间是工作日的一部分，在这部分劳动时间中，工人为补偿资本家所支付的工资价值而生产；工作日的其余部分是剩余劳动时间，在这一部分时间中，工人创造剩余价值。延长工作日可以提高剩余价值率，因而在已定的必要劳动时间之上，能够榨取更多的剩余价值。

在工作日长度已定的条件下，如果必要劳动时间减少，即劳动力价值下降，剩余价值就会相应地提高。

劳动力价值表现为再生产劳动力所必需的商品的价值。如果生产这些商品的劳动生产率提高了，进而它们的价值下降，那么劳动力价值也会下降。这就要求改造“历史上遗留下来的或者说现存形态的劳动过程”“必须变革劳动过程的技术条件和社会条件，从而变革生产方式本身”。（第 315 页）这里和第十一章一样，马克思使用的是在一般意义上的“生产方式”，来指代生产过程的各个方面。

不同于因工作日延长而产生的绝对剩余价值，由于减少必要劳动时间而产生的剩余价值叫作相对剩余价值。当然，在出发点未加明确的情况下，显然不能说剩余价值的这一部分是绝对的，另一部分是相对的。但只要从某种最初的状态出发来考察剩余价值率的变化，这种区分就是适用的。马克思在第十六章对这一点有详细说明。

如果资本家强迫工人工作更长的时间，他会直接从绝对剩余价值的生产中获得好处。对比之下，由于生产率提高，从相对剩余价值生产中获得的好处则较为间接。降低劳动力价值会使全体资本家获得好处，但没有一个资本家会为了降低劳动力价值为而自觉采用新技术。

在对自己的思想策略所做出的一份重要声明中，马克思对“资本主义生产的内在规律”和它们“怎样表现为资本的外部运动，怎样作为竞争的强制规律发生作用，从而怎样成为个体资本家意识的动机”做出了准确的区分。（第 316 页）根据马克思的观点，首先应该分析资本主义制度，然后再对资本家个人进行分析。尽管这是讨论相对剩余价值时申明的原则，但马克思试图扩展它的适用性。当然，他并不是说资本主义制度能够独立于资本家而存在；这里所表现的是一个理论发展的顺序问题。至于马克思究竟怎样抛开资本家个人来说明资本主义的生产“规律”的，或许很难回答。这里，他不断挣脱规则的束缚去讨论引导资本家个人行为的动机。

一个物品的价值由它的社会必要劳动时间决定。如果一个资本家能够发明一种方法，把生产率提高到一般水平之上，他就能够获得更多的剩余价值，因为一般水平的生产率仍旧决定着产品的价值。这就是资本家不遗余力地提高劳动生产率的强烈动机。由于担心价格下降，其他资本家被迫采用新的生产方式。随着劳动生产率水平的普遍提高，产品价值就会下降。革新者的额外利润只是暂时的。

如果价值下降的产品是生活资料的组成部分（工人所必要的社会消

费资料的部分），或者是用于生产必要生活资料的生产资料的部分，整个社会范围的劳动力价值就会下降，一般的剩余价值率就会提高。在保持工人消费的使用价值量不变的同时，就可以降低工人的货币工资。

这种分析看起来和我们的直觉完全相反（如果工人生产的更多，不就是生产更多的价值吗?）。实际上，马克思的观点取决于自己对价值和使用价值所做出的严格区别。劳动生产率的普遍提高意味着每个小时生产出更多的使用价值，但依据价值的定义，一小时的社会必要劳动总是产生同样的价值。

第十三章　协　作

从本章开始，马克思连续用三章的篇幅来讨论组织资本主义劳动过程的三种不同形式。这些形式（简单协作、工场手工业和现代工业）构成一个广阔的历史序列，尽管像马克思在第十三章结束时说的，早期形式既是先进方式的延续也是先进方式的并列者。

马克思所指的简单协作是指许多工人聚集在一起完成基本相同的工作。作业规模的简单扩大具有许多优点，单个工人之间的差别会趋于持平，因而结果是可想而知的。如果工人们能够共用建筑物和其他生产资料的话，还会节省不少。工人协同工作的集体生产能力大大超过任何单个劳动者的生产能力。

只有个体资本家雇佣相当数量的工人时，大规模的资本主义协作才是可能的。而协作的规模受到个体资本家拥有的资本数量的限制。协作是由资本家把工人聚集在一起才能进行的，协作所创造的生产力也就表现为资本的创造。这是一个错觉，也是拜物教的一种表现形式。协作生产能力同样表现在古代金字塔和同样的工程建筑中，这些和资本主义没有丝毫关系。

大规模的协作需要一个直接的权威者，通常由资本家承担。这一权威性包括两个方面；它具有功能上的必要性，但由于工人和资本家固有的不可调和的矛盾，它又具有形式上的专制性。一个新的论题在这里出现了，马克思将在下面的章节中做进一步论述。在资本主义制度下，随着劳动生产率的提高，劳动者的人身自由逐渐减少，至少在生产过程中是如此。实际上，生产者日益丧失对自己活动的支配权。虽然马克思没有做出明确的结论，但他必然认为，推翻资本主义将改变这种趋势。

第十四章　劳动和制造的分离

Ⅰ. 工场手工业的二重起源

马克思所指的工场手工业是协作的一种形式。在这种形式中，不同的专业工人（局部工人）都从事某种特殊的手工操作。（马克思使用的这个词不同于现代的一般含义。这个名词在现代是和采掘业、农业、服务业等等相对而言的①。而在工场手工业时期，从16世纪中叶一直延续到18世纪后期，按照马克思的解释，手工制造业在这一时期占支配地位。

工场手工业通过两种方式产生。一种方式是以前从事不同行业的独立手工工人聚集在一起，他们的操作活动受到严格的限制。这样，一个被马车主雇佣的铜匠只用仅仅制造某种类型的马车锁。另一种方式是把以前没有专门分工的一个生产过程，细分为一系列专门的工作，这样，制锁过程可以划分为一个生产各种部件的连续过程，然后再把各种部件装配起来。

① 英文 manufacture 在《资本论》有关章节中统一译为“工场手工业”，但在现代英语中译为“制造业”，故作者有此说明。——译者注

Ⅱ. 局部工人及其所用工具

局部工人从事一种单一的、专门的操作，使有限的手工技术达到任何其他方式均不可达到的完善程度。原来因一种操作转到另一种操作而损失的时间现在能够被节省下来，而适应每一项专门操作的专用工具也被一一设计出来。后来，机器的发展——这是下一章的论题——就是从生产活动和工具的分工分类开始的。

Ⅲ. 工场手工业的两种基本形式

在混成系统工场手工业中，首先要生产各种零部件，然后装配成制成品，如钟表制造业。这种形式马克思谈得很少。在有机系统工场手工业中，同种材料顺序经过一系列的加工阶段，每一个工人的操作都为下一个工作程序提供原材料。马克思以造纸和制针的手工工场为例，在工场手工业中，不同的工作必须按适当比例分配工人，才能维持生产秩序，保证流水线操作不至于中断。

在工场手工业的生产过程中，主要是手工操作，但在生产过程的某些工序中也会采用机器。不过，在严格意义的工场手工业时期，机器只起着次要的作用。尽管如此，机器的初期使用仍然推动了 17 世纪力学的发展，“留下了指南针、火药、印刷术和自鸣钟等伟大的发明”。（第 348 页）

全体局部工人结合为总体工人。不同的工人有各自不同的技术，从而有“劳动力的等级制度，与此相适应的是工资的等级制度”（第 349 页）。然而，每个工人掌握的只是片面的技术，是整个生产过程所需要的全面技术中的一个极小部分。因此，完整的技术减少了，导致学习训练费用也随之减少，结果是劳动力的价值贬值。

Ⅳ. 工场手工业内部的分工和社会劳动分工

分工是与亚当·斯密密切相关的一个论题（虽然马克思通过脚注中

的引言表明，关于分工的许多基本思想产生于斯密的著作以前）。斯密对各种形式的分工不加区分，还赞扬说分工提高了生产率的方方面面。对于斯密所说的分工的各种好处，马克思则更加怀疑。

从历史上看，在下面论述的两种分工形式出现之前，分工有两个起点。分工首先出现在家庭内部，产生于性别和年龄的差别。另一种分工则来源于交换，交换最初发生在两个各自独立的公社之间，后来是在一个公社内部。在一段常被引用的论述中，马克思陈述了这一点："一切发达的、以商品交换为媒介的分工得以发生的基础，都是城乡的分开。"（第352页）一般来说，基于交换的分工程度取决于人口密度、交通运输的效率和生产的总体发展程度。而对原材料、专门化的设备等等的需求，也都推动着分工进一步发展。

马克思还指出了社会劳动分工和工场内部劳动分工之间的本质区别。社会劳动分工是互不依赖的商品生产者之间的分工，以生产资料所有权分属于彼此独立的生产单位为前提，并由自发的市场力量调节。工场内部的分工在每个方面都不同于社会分工：局部工人并不生产不同的商品；生产资料所有权集中在一个资本家手中；生产过程受到自觉的集中控制。在资本主义社会里，"社会劳动力分工的无政府状态和工场手工业分工的专制是相互制约的"。（第356页）

马克思又用其他社会劳动力的分工形式和资本主义的组织形式做出对比。由于他对"亚细亚"生产方式的论述已经引起了极大的争论，因而这里关于印度公社的描述就具有了特别的意义。"这些自给自足的公社……为揭示下面这个秘密提供了一把钥匙……亚洲的社会并没有变化"。（第358页）

V. 工场手工业的资本主义性质

工场手工业的分工可以作为资本主义发展过程中的一个阶段来加以考察。

工场内部发达的劳动分工要求较大的生产组织单位。如果这一分工由资本家来经手的话，那么，资本的所有权就必须聚集为比简单协作更大的资本额，因而，要成为一个资本家也就更加困难。

“工场手工业把工人变成了畸形物，它压抑工人多种多样的生产本性和生产才能，人为地培养出工人片面的技巧。”（第 360 页）体力劳动和脑力劳动分离之后，转变为不同的特长。工人被迫出卖自己的劳动力，不仅仅是因为他不占有生产资料，而且还因为他的片面技术只能在一个资本家控制的工场中发挥生产作用。但是，工人阶级的反抗没有被完全压服，“由于手工业的熟练仍然是工场手工业的基础……所以，资本家不得不经常同工人的不服从行为作较量”。(第 367 页)

第十五章　机器和现代工业

使用机器是现代工业阶段的标志。马克思关于机器的论述有两个要点。首先，机器排挤了工人，同时，使妇女、儿童成为劳动力有了可能。劳动力需求减少，供给却在增加，失业后备军（失业后备军存在的必要性将在后面讨论）不断得到补充，工人和资本家讨价还价的力量减弱。其次，随着这一趋势的加强，机器的普遍使用彻底摧毁工人生产技能的独立性，使他们完全隶属于资本的统治，按照常理，本来能够减轻劳动负担的机器，现在这种负担却变得更加沉重。

I．机器的发展

机器“是用一台机械代替只使用一个简单工具的技工，使用许多同样或同种的工具一起作业，由一个单一的动力机来推动”。(第 376 页）机器使工人失掉了手中的工具，不再需要专门的手工技巧，而这曾经是工场手工业阶段的本质特征。由人本身能力所强加的限制不再适用，“生产过程作为一个整体受到检验……不再有手工操作问题，问题……

全部由机器、化学等等来解决”①。

个别工业部门中某些“独立的”发明，不能看作是机器的普遍使用。“一个工业部门生产方式的变革必定引起其他部门生产方式的变革”。（第 383 页）社会生产过程某一阶段较为重要的进步要能够产生大量成果，这一过程的其他阶段也必须有相应的提高，而且通讯和运输也必须得到发展。当机器本身用机器生产时，机器普遍使用所带来的全部益处才会产生。“工业革命”（马克思在这里没有使用这一术语，但在别处经常使用）是唯一延续到马克思时代并和这一时代相互联系的过程，马克思带着无可辩驳的钦佩对它进行描述。马克思并不反对技术和机器，但他仍惊讶于它们在资本主义制度社会中的神奇作用。

Ⅱ. 机器的价值向产品转移

像往常一样，马克思在对使用价值的产生进行分析之后，现在转向对价值和剩余价值的产生进行分析。耐用的机器只是将一部分价值转移给每一单位产品。和早期较简单的工具相比，机器可以具有很高的价值，但由于机器生产十分高效，转移到每一单位产品的价值反而会导致生产单位产品的费用的降低。而且，直接的劳动反而会有更多的节约。随着每一单位产品价值的降低，生产资料和劳动力的比率 c/v 则会提高。后者会得到充分的发展。

马克思接着论证了机器技术的普遍采用将减少就业，使工人失去工作。这种情况现在称为“技术性失业”。一方面，只有通过代替直接生产工人而节省工资费用，机器才能被使用。另一方面，机器制造又将创造出更多的工作机会。对资本家来说，如果在机器使用寿命上节省直接工资费用超过机器本身的费用，使用机器才是很值得的。全部节省都是工资费用，但机器价值中包含着制造机器的剩余价值（假定机器使用部

---

① 为使上下衔接，此段引文据作者所引《资本论》英文版译出，主参阅中文版《资本论》第 417 页。——译者注

门按其价值购买机器）。于是，从一个既定的最终产量上看，机器使用部门减少的就业量会超过机器制造部门所创造的就业量（这些又会由于积累和经济扩张对劳动力的额外需求而抵消，这一点将在第七篇论述）。

工资越高，越能刺激资本家用机器代替直接劳动。工资便宜，使用低工资的直接劳动也就便宜，从而也就可以不使用机器。但低工资不会降低机器价格，这就意味着机器制造部门有更多的剩余价值。

Ⅲ. 机器生产对工人的直接影响

大部分手工业劳动需要一定的力量，而看管机器却不需要。机器的普遍使用造成了雇佣妇女和儿童来代替成年男工（或和他们一起工作）的可能，从而大大降低了劳动力价值。劳动力价值由工人阶级家庭再生产所需要的商品来决定。如果更多的家庭成员出去工作，再生产劳动力的费用就被分摊到更多的工人身上，每个人所得到的工资也就更少。而为了维持家庭生活，低水平的工资又使妇女和儿童参加工作变得更为必要。

马克思继续论述了雇佣妇女儿童对家庭生活、健康等方面所造成的恶劣后果。马克思并不反对妇女和儿童参加劳动，事实上，他认为儿童教育应该和生产劳动的实践经验相结合。他只是反对妇女、儿童和男工被迫在资本主义工厂的恶劣生产条件下遭受苦难。

采用机器导致工作日的延长，节省劳动力的技术带来了出人意料的后果，资本家力图在更多的时间中使用昂贵的机器。为了避免新的、更好的机器与之竞争所造成的侵蚀，即马克思所说的“精神贬值”（现在称作“折旧”），在这种侵蚀发生之前获得利润，即使机器每天的使用时间延长一倍，机器报废期限提前一半也在所不惜。当雇佣妇女儿童突破了传统的（男工的）行会组织的抵制时，机器代替劳动就会加剧就业竞争，资本家也就能够强制延长劳动时间。

一旦工作日被合法地缩短（参阅第 10 章），就会通过强化劳动来补偿。强化劳动的方式是加快机器转速和增加每个工人操纵的机器台数。劳动的强化等于工作日的延长，因为工人在同样多的时间中支出了更多的实际劳动。绝对剩余价值的榨取（通过更多的劳动）和相对剩余价值的生产（通过更高的生产率）重叠到一起了。

Ⅳ. 工厂

普遍使用机器的工厂可以从两方面考察：一方面是“将各种工人的许多工序进行协作”；另一方面是“一个庞大的自动机由一台自我调节的动力机支配”（第418—419页，马克思引尤尔语）。前一种说法适用于一般意义上普遍采用机器的工厂，后一种说法适用于资本家所使用的机器。基于这一区分，马克思又转向另一个引申的论题：劳动生产力的每次提高都伴随着工人从属地位的加强。

机器的普遍使用摧毁了工场手工业特有的技术等级制度，把绝大多数劳动者降到机器看守人即工厂工人的地位。

技术的丧失和自由的丧失是同时进行的，“工厂工作极大地损害了工人的神经系统，同时它又压抑肌肉的多方面运动，侵吞身体和精神上的一切自由活动。……由于劳动资料变成了自动机，所以它……本身作为资本，作为支配和吸吮活劳动力的死劳动而与工人产生对立。……生产过程的智力同体力劳动相分离……完成了”。（第422—423页）通过对工厂里令人震惊的物质条件的简要介绍，马克思完成了这种控诉，但是马克思的抨击首先是以人类自由的名义进行的。

Ⅴ. 工人和机器之间的争斗

阶级斗争贯穿于资本主义的整部历史，但工人反对生产工具却仅与机器的使用有关。在分析原因之前，马克思简要回顾了工人破坏机器的历史（鲁德运动等等）。在工场手工业时期，劳动一般供不应求，因而生产率的提高通常不会对就业产生任何威胁。对比之下，机器的使用引起了失业，摧毁了手工技术，并且成为镇压工人反抗延长劳动时间的手段。因此，工人的反抗并不意外。

Ⅵ. 机器代替工人得到补偿的理论

一些经济学家对机器普遍使用所受到的批评做了回答，他们认为，机器使用直接造成的工人失业可以与其他工业部门所创造的同等就业数量相抵消。遭到马克思批评的这种看法今天已无人支持，而在马克思的批评中则包括了一些重要的观点。主要的问题已经解决，机器制造部门可以创造就业机会，但要少于机器使用部门丧失的工作机会。同样数量的生活资料像以前那样有用，但由于失业工人没有钱用于购买生活资料，这些生活资料变得毫无意义，这是毋庸置疑的，虽然马克思的反对者对此持不同意见。

在一个正在增长的经济中，新的工作机被不断地创造出来，但是机器的普遍使用本身就会减少就业，就业结构也会随之发生变化。当利润的更大增长导致国内服务业和奢侈品生产部门极度扩展（服务业迅速扩大是英国维多利亚时代的一个显著标志）以满足富有者的需要时，劳动的社会分工也随之扩大。

Ⅶ. 工人被工厂制度排斥和吸引

现代资本主义也带来了社会不稳定。繁荣和衰退的循环意味着工人总是不断地时而失业、时而被重新雇佣；与此同时，技术不断地被摧毁，工业逐渐被瓦解。这里没有对工业周期做出解释，但它作为生活中一个事实在很多细节上得到证明。

Ⅷ. 现代工业所引起的工场手工业、手工业和家庭劳动的革命

现代工业不能在一夜之间取代所有古老的手工形态。通过增加失业、摧毁技术和增加职业不稳定，现代工业趋向于延长工作时间和降低

工资。这种状况使家庭工业和手工业大为获益。在使用机器的一个生产特殊阶段，新的手工劳动迅速出现，原有的手工劳动也在扩展以满足生产提高的需要，一时间，手工劳动成为工厂制度的一种辅助形式。家庭工业即在住宅中进行生产的工业，所遭受的剥削比工厂的剥削更令人震惊。马克思证实了这些“血汗”行业中可怕的状况。

马克思清楚地意识到一种均衡机制在起作用，尽管他并没明确地看到这种情况出现。机器的普遍使用引起工资降低；更低的工资水平加剧了手工劳动的竞争，又延缓了机器的普及；而用于限制剥削的工厂法却加速了机器的普遍使用。

Ⅸ. 工厂法（卫生条款和教育条款一样）。在英国普遍实行

第九节的内容被它的绝妙标题所概括，主要的关注点是马克思在前几页对教育观念的一些建议。在此之后，马克思列举了一系列被选举委员会调查和揭露的各种剥削和压迫的事实。

X. 现代工业和农业

本章最后一节引人思考但篇幅不长，转向马克思的另一个问题，即城乡分离。城乡分离“同时破坏城市工人的身体健康和农村工人的精神生活”。（第 505 页）马克思提出了“工业和农业的联合”，但没有进行详细论述，不过他指责资本主义农业破坏了土地肥力的持久来源。

第五篇　绝对剩余价值和相对剩余价值的生产

第一卷前四篇分别叙述了马克思理论阐述中的主要贡献。在第五篇，马克思稍做回顾，将各条思路进行梳理，对前一阶段未能恰当处理的概念加以完善。

第十六章　绝对剩余价值和相对剩余价值

在第 7 章，生产劳动被简单地看作是生产使用价值的劳动。任何一个在生产中履行必要职能的人都是“总体工人”的一部分，在这个意义上，他的劳动具有生产的性质，即使这个特定的个别生产者生产的并不是相同的使用价值。另一方面，一个劳动力只有创造了剩余价值，对资本来说他才是具有生产力的。马克思以一所追求利润的学校的教师为例来加以说明。这个例子表明，物质对象的生产并不是马克思术语中所使用的“生产性劳动”这一术语的固有特征，尽管亚当·斯密并不这样认为。至于马克思为什么要对生产劳动加以限制，目前尚不清楚，因为他既没有把生产劳动与非生产劳动加以对比，也没有在后面的阐述中过多地使用这个概念。

他随后解释，绝对剩余价值和相对剩余价值，只有在涉及剩余价值率的变化时才能加以区分。

另一个论题是剩余价值的自然基础。除非自然条件能够保证工人生产出超过他们的生存需要的产品，否则就没有剩余价值。但是，有利的自然条件根本并不会导致剥削，即使是特定的资本主义剥削。在本章结尾，马克思是批判李嘉图和穆勒混淆使用价值生产与剩余价值生产以及忽视具有资本主义特征的特定社会关系。

第十七章　劳动力价格和剩余价值的量的变化

在本章，为了完整起见，也为了保证读者的注意力，马克思按照他的分析方法略去了一些直接的演算。他论述了三个变量：工作日的长度、劳动强度和劳动生产力。劳动生产力的增长会降低劳动力的价值并提高剩余价值（相对剩余价值）率。劳动强度的提高或工作日的延长都会提高剩余价值（绝对剩余价值）率。如马克思所说，这些变量同时发生变化的结果是不言而喻的。

第十八章　剩余价值率的各种公式

第 18 章的内容为它的标题所表明，没有介绍新的内容。

第六篇　工　资

马克思对剩余价值的分析以劳动和劳动力之间的区分为依据。工人出卖的是劳动力，得到的是他们劳动力的价值。资本家从工人那里得到的是创造价值的劳动。但是，在日常生活中，没有人会做出这种区分，支付给工人的要么是以时间计价的工资，要么是以产品计件的工资。马克思必然要考虑这些对他来说并不太困难的实际情况。

第十九章　劳动力的价值转化为工资

马克思时代的经济学家都把工资看作是劳动的价值。在马克思的体系中，价值是由劳动创造的，所以他认为“劳动的价值”是一个谬误。如果给工人支付的是他们的劳动，即他们创造的价值，工人要么应当得到全部价值而不存在剩余价值，要么应当得到少于他们创造的价值，而这显然是违背价值交换原则的。无论是哪种情况，按照等价交换原则解释资本主义都是解释不通的。马克思通过对工人出卖的劳动力价值与劳动所创造的价值之间的明确区分，展开了对这些问题的论证。古典经济学家在没有作出这种区分的条件下，通过考察他们简单地称为“劳动价值”的劳动力价值，也得到了一些正确的结果。

按照马克思的观点，需求和供给不能用于解释工资，因为它们只能说明“必要的”价格或“正常的”价格之间的偏离程度。现代经济学家并不注重这种论述；理由是马克思时代是在背离了正常销售与生产水平的条件下阐述“需求”和“供给”的，因而不能解释“正常的”条件。现代教科书中所说的供需分析与此不同；这一分析的确解释了价格的来源，但是不一定与马克思的分析相抵触。

马克思认为，工资只是为劳动力支付报酬的形式。小时工资是按照平均日劳动标准时数进行分割的日劳动力价值（严格地说，是价格）。这就好像一匹马的价格要以每条马腿的价格来报价，用每条马腿的价格乘以 4 得到一匹马的平均价格。劳动力的正常价格则按照平均时数来定价。

并非每个人都会这样故意误导别人。在一个商品社会中，没有必要去计算劳动力或其他商品的价值。卖方只是追求市场能承受的最高价格，而买方则寻找最有利的成交机会，价格是这种自发成交的非计划结果。随后就是如何对相对于价值的市场价格作出解释（参见第 3 卷第二篇）。这里，马克思假定价格与价值是相符的。

第二十章　计时工资

计时工资的问题已经解释过，小时工资是按照正常工作日的劳动时数进行分割的日劳动力价值。因此，正常工作日的延长意味着小时工资等量的减少。实际得到的价格（工资）可以和劳动力价值不一致。

第二十一章　计件工资

工资可以通过产品计件代替劳动时数来支付。这造成了工人在出卖自己产品的错觉，当然事实上并非如此；产品并不属于他们，他们得到的是劳动力的价值而不是产品的价值。平均计件的正常工资是按照在平均正常工作日长度条件下的产品件数进行分割的日劳动力价值。计件劳动减少，事实上是取消了监督的需要，因而适合于家庭手工业和包工制。计件工资有助于提高劳动强度，是“最适合资本主义生产方式的工资形式。”（第 556 页）

第二十二章　工资的国民差异

马克思对引起剩余价值率变化因素的分析也可用于考查各个国家之间的差异。在一个国家里，产品的价值由平均劳动强度和平均生产力水平下为生产该产品所需要的劳动决定。劳动强度越高，生产力越高，就越能生产更多的价值。同样地，在世界范围内，在一个“正常的”劳动强度和生产力水平相对较高的国家，一小时“正常”劳动比其他国家的一小时“正常”劳动产生更多的价值。

马克思认为，劳动生产力和劳动强度随着资本的增长而提高，所以一小时劳动在一个发达国家比一个欠发达国家能够创造更多的价值。这似乎与一般的推论互相矛盾：随着时间的推移，商品的价值将降低，而 1 小时劳动创造的价值却不会提高。这时，关键在于发达国家与欠发达国家生产的商品都将在同一世界市场上同时出售。在这里的论证中，价值交换是在世界市场上进行的，并非不平等交换（由于其他一些原因，不平等交换允许存在的，但此处所指并非不平等交换）。如果一个国家一小时劳动所得的产品不能换得另一个国家一小时劳动所得的产品，那是因为它们不代表一个相等的价值量。一些现代马克思主义者并不这样看待这个问题①。

在一个比较发达的国家，工资（包括货币形式和购买力形式）水

① Arghiri Emmanuel, *Unequal Exchange: A Study of the Imperialism of Trade* (London, NLB, 1972).

Anthony Brewer, *Marxist Theories of Imperialism, A Critical Survey* (London, RKP, 1980).

平更高，同时，剩余价值率也更高，因为劳动创造的价值更大。根据国际范围内的价值规律，这是对相对剩余价值理论的直接运用。顺便指出，随着资本主义的发展，一般来说，工资能够并且也会随之提高，而不像某些评论家对马克思解读的那样。

第七篇　资本的积累过程

迄今为止，按照单个生产周期（$M-C-M'$），从货币出发并且又以货币终结分析了价值和剩余价值。对相对剩余价值的讨论涉及劳动生产力的变化，但只是按照资本主义经济在不同发展阶段的“掠影”进行的：简单协作、工场手工业、现代工业。现在，该对积累进行分析了，即生产规模从一个周期到另一个周期的实际增长。马克思从简单再生产（即生产在不变规模上的重复）开始，为后面的分析做好铺垫。

他首先确立了理论前提。假定商品能够按照某价值不受阻碍地出售（交换的具体职能将在第二卷中详加分析）；假定资本家得到了所生产的全部剩余价值（剩余价值不同部分——利息、地租等等——的分割将在第三卷中讨论）。

第二十三章　简单再生产

本篇是《资本论》的最重要部分之一，在不长的篇幅中，清晰地展现了马克思将资本看作“处于过程中的价值，处于过程中的货币”（第 4 章第 154 页）的观点。

生产是一个连续的过程；因此，所有的生产要素，包括物质要素和社会要素都必须不断更新或再生产。这种更新经常被非马克思主义经济学家认为不成问题，但是马克思强调，生产资料和劳动力被不断地（生产性地）消费掉，必须不断地加以替换。从使用价值的观点看，所有被消费掉的生产资料必须被替换，所以一部分产出必须包含相应的产品，也必须为此了再生产而加以保存。从马克思的资本主义价值和剩余价值生产的观点来看，资本必须进行资本再生产并且重复进行。

如果资本家消费掉所有的剩余价值，并且在每一时期都只是简单地维持原有规模的资本，那么，生产将在不变程度上继续进行。这就是马克思所说的简单再生产。这是在进一步考察扩大规模的再生产之前辨别简单重复中产生的再生产特征的一种分析方法。

马克思首先分析了可能会引起混淆的资本主义生产的两个特征。首先，工人得到货币报酬。但是，从整个制度来看，资本家阶级给工人支付工资（“票据”），而工人又把这些“票据”还给资本家，以此取得产品中归自己所有的那一部分（仅仅是一部分）。其次，要成为资本家，资本家首先要从源头得到货币（第八篇中，马克思将考察资本主义制度和资本家阶级的产生）。总之，资本家必然要消费，而如果他得不到剩余价值，他最终将消费掉他的全部资本，所以，资本主义生产若要得以连续进行，就必须产生剩余价值；“生产过程的单纯连续进行……会使任何资本转化为……资本化的剩余价值”。（第 570 页）这个论断针对的是为利润所做的“节制”辩解。

资本家阶级从一开始就占有一定的资本，而工人除了出卖他们的劳动力以外一无所有。而支付给劳动力的工资是为了再生产出劳动能力（以及所需要的全部技术）。由于工人所得到的仅能满足他们的消费需要，他们在劳动过程结束时仍然如以前一样赤贫，从而必须再次出卖自己的劳动力。资本家阶级赚回他们预付的资本再加上剩余价值，从而能够消费剩余价值并且仍然有足够的资本重新开始。资本主义生产和剩余价值生产所需的物质条件和社会条件已经再生产出来了。

“可见，把资本主义生产过程联系起来考察，或作为再生产过程来考察，它不仅产生商品，不仅产生剩余价值，而且还生产和再生产资本关系本身；一方面是资本家，另一方面是雇佣工人。”（第 578 页）。

第二十四章　剩余价值转化为资本

I．规模扩大的资本主义生产过程

资本家可以把消费所需的剩余价值作为追加资本预付出去，从而使他的资本在随后的每一周期中不断增大。这就是积累，即规模扩大的再生产，或者扩大再生产（都是马克思使用的术语）。从价值上看，这是一个简单的算术问题；资本从一开始就包含积累起来的剩余价值并作为下一个周期的资本。

从使用价值上看，也可以用（完全狭义上的“经济的”）总产品概念来表述，按比例又可以分割为不同的价值部分：c、v 和 s（见第 9 章，第 2 节和第 4 节）。从整个社会的经济来看，对应 c 的部分即消耗的生产资料必须用生产资料替换消耗掉的部分。对应 v 的部分，即劳动力价值必须由工人消费的生活用品构成。对于简单再生产，对应 s 的部分即剩余产品，由资本家消费的产品构成，但为了使积累成为可能，就必须按照适当的比例分为追加的生产资料和生活资料。此外，还必须有可以购买到的追加劳动力。从整个工人阶级整体的观点来看，这是作为与下一年超额资本相对应的一年劳动产品。

Ⅱ．政治经济学关于规模扩大的再生产的错误见解

这里，马克思转而阐述他的理论与前辈理论之间的关系。斯密和李嘉图正确地认识到，耗费在雇佣额外生产劳动者（除了已经雇佣的数量之外）上的剩余部分应当看作是积累。同时，雇佣非生产劳动者（如家庭佣人）的部分则应看作是消费，贮藏货币不同于以上两种情况。但是，由于假定全部积累都用于追加工人的预付工资，而忽视了扩大生产

所需要的追加生产资料，所以他们的观点是错误的。顺便指出，大多数现代经济学家在将资本完全看作生产资料时又走向了另一个极端。

Ⅲ. 剩余价值分为资本和收入，节制理论

资本家把剩余价值分为积累和消费两部分。作为人格化的资本，资本家应当尽量扩大他的资本。此外，竞争的压力迫使他去扩大自己的资本（马克思在第四篇强调了效率是如何随着资本主义的发展而产生越来越大的作用的）。但是，奢侈品的诱惑也开始产生，随着信用的出现，他必须维持一定的消费水平。

马克思认为，在资本主义的早期阶段，积累的压力是很大的。那句著名的感叹语“积累啊，积累啊！这就是摩西和先知们！”（第 595 页）就是马克思对古典经济学家的态度的描述。随后的“庸俗”经济学家把积累看作是来自于资本家对奢侈品享受欲望的克制，并且是对“克制”的合理报酬。当然，按照马克思的观点，这正是工人们被迫放弃的那部分报酬。

Ⅳ. 决定积累量的情况

剩余价值在积累和消费之间的划分，积累的规模显然取决于剩余价值量，这反过来要受已经讨论过的各种因素支配。如果工资被压低，或者劳动强度及生产力提高，积累就变得更为可能。劳动生产率提高，商品价值就会降低，所以，同量的剩余价值就允许资本家购买更多的商品，而工人数量的增长，又会使同样剩余价值率与更大的剩余价值量相对应。因此，资本家的购买力在不断提高，不仅允许奢侈品消费，而且还会使积累保持持续的增长。

Ⅴ. 所谓劳动基金

在这一章结束之前，马克思又回到了对“庸俗经济学”的批判，

这一次批判的对象是劳动基金或工资基金的学说。这个（冗长而陈腐的）教条背后的观点是可以用一笔固定基金来支付工资。某些理论家认为，工资水平取决于被雇佣的（既定）工人数量之间的基金分割，另外一些理论家则通过由固定工资分割的基金大小来解释雇佣的状况。按照马克思的看法，在两种情况下，他们都忽视了决定积累率的重要变量。顺便指出一点，无论在正文还是脚注中，马克思对边沁（Benthan，英国哲学家）的描述在批评史上都是堪称经典的。

第二十五章 资本主义积累的一般规律

现在，积累的概念已经基本上在量的方面得到了单独考察，马克思可以联系技术革命的环境来考察它对于工人阶级的影响。

I．资本构成不变，对劳动力的需求随积累的增长而增长

首先，马克思提出了一系列基本概念。资本的价值构成当然是指在价值上衡量不变资本与可变资本的比率，即 c/v；资本的技术构成是它在使用价值上的对应物，即生产资料的数量与雇佣的活劳动的比率。

技术构成无法在数量上计量，因为生产资料和劳动在质量上是不同的东西；一方不能被另一方来分割。因此，马克思把资本的有机构成定义为“由资本技术构成决定并且反映技术构成变化的资本价值构成”。（第 612 页）换句话说，有机构成的变化反映的是在用于生产资料的各个个别商品和劳动力的价值保持不变时，价值构成已经在发生变化。比如，今天的经济学家们在计算“不变价格”（即排除通货膨胀影响的条件下的国民收入时）也使用类似的方法。

例如，假定某一单个资本由价值 100 的不变资本和价值 50 的可变资本构成，它的价值构成就是 2（$c/v = 100/50 = 2$）。如果由此出发，我们就可以得出有机构成是 2（在技术构成仍然不发生变化的条件下）。

现在，假定一次技术构成的变化使生产资料增加25%，并且把劳动力减少一半，如果单位生产资料和劳动力的价值仍然不变，c 将变成125，而 v 则变成25，因而有机构成将提高到能够反映资本技术构成变化的5（=125/25）。但是，与此同时，生产资料可以变得更为便宜，使 c 实际上降低到75，只有价值构成提高到3（75/25）。有机构成是技术构成变化的一个计量器，并且只能从一个既定的出发点去计量。

资本的平均构成是一国社会总资本的（价值或有机）构成。在本书中，如无特别说明，凡是说到资本构成时，就应当理解为有机构成。马克思对他所使用的资本构成的标准并不是始终明确的。

如果在没有技术进步变化从而三种资本构成在全部保持不变的条件下产生积累，就只会产生不变资本与可变资本比例相等的增长，因而会出现对劳动力的同比例需求。这最终必然（马克思说）超过劳动力人数的增加，对工人的需求将超过供给，这样一来，工资就会提高。

但是，在最好的情况下，即使工资的提高减轻了剥削的束缚，在资本允许的范围内，它也不能结束这种束缚。剥削的减轻意味着被用于积累的剩余价值的减少，意味着劳动力需求的减缓与工资增长的结束。因此，只要资本主义依然存在，积累的需求就为工资水平规定了一个最高界限。正如积累调节着生产周期一样，它也调节着工资的涨落，“用数学术语来说：积累量是自变量，工资量是因变量，而不是相反”（第620页）。马克思对工资运动的叙述与某些马克思主义者的解释正好相反，后者认为低工资（不是高工资）通过限制市场使积累受到了损害。当然，在这里，马克思显然是抛开了与产品售卖有关的所有问题。

Ⅱ. 在积累和伴随积累的积聚的进程中资本可变部分相对减少

截至目前，资本构成都被认为是不变的。但是，如同劳动生产率会提高一样，资本的技术有机构成也会提高。每个劳动者生产的物质资料的数量会增长，与此同时，他所运用的设备也在增多。当然，既定的生产资料总价值将会降低，从而抵消资本技术构成的提高。然而，马克思指出，资本的价值构成将会提高，尽管比（反映技术构成的）有机构成的提高速度稍慢一些。这个论断被认为是不言自明的，所以，马克思对比没有进行任何论证，只列出了一些简单的数据来进行论证。价值构成的趋势在涉及利润降低时变得更为重要，成了众多争论的焦点。我们还注意到，生产率的提高带来生产资料价值的降低，使现存资本贬值。

随着积累的进行，个别资本将会增长。单位资本通过剩余价值的单纯积累而增长，也叫作资本的积聚，它只是“规模扩大再生产的另一种表现形式而已”（第 627 页）（马克思对这一术语的使用不同于现代非马克思主义经济学家，在后者的定义里，“积聚”是相对于一个行业范围内的公司规模而言的）。与此相反，资本的集中则是把现有资本通过吞并、买进破产公司的财产并将其重新整合为更少的生产单位。竞争推动着集中，因为大资本具有成本低的优势，从而使小资本遭到排挤，迫使小资本变成经济上的落后部门而在激烈的竞争中被挤垮。随着股份制的发展，信用制度打开了资本控制大企业的通道。积累推动着积聚和集中，而集中则促进了效率提高，还提高了劳动生产率和剩余价值率，从而使积累更快地加速。伴随着这一切，资本的有机构成得以提高。

Ⅲ. 相对过剩人口或工业后备军的累进生产

随着资本构成的提高，对劳动力的需求将相对降低，因为资本的更大部分将用于购买生产资料，雇佣工人将减少。“因此，工人在生产出资本积累的同时，也以日益扩大的规模生产促使他们自身成为相对过剩人口的手段。”（第 631 页）

在马克思的论证中，这是极为关键的一步，因为它是使工资（劳动力价格）降低到劳动力价值以下的相对过剩人口的表现。针对这一点，有两种评价。首先，相称的资本价值构成决定着资本中不变资本和可变资本的比例，尽管马克思只提到有机构成。其次，有三个因素能起作用：资本构成的提高（如前所述，这导致对劳动力的需求降低），资本的积累（其自身又导致需求增长），由人口统计和社会因素所决定的工人阶级数量的增长（这导致劳动力的供给增大）。在提出累进的相对过剩人口的预言时，马克思显然在对这些因素的相对实力作出判断；但是，任何人都不能仅凭先验的经验做出合理的判断。

按照马克思的观点，产业后备军或相对过剩人口（即大量失业劳动力），对于资本主义制度是必不可少的。“大量社会财富疯狂地涌入市场中那些突然扩大的旧生产部门，或涌入那些……新兴生产部门……在所有这些情况下，都必须有大批的工人可以立即被投到关键的岗位上去……这些人就由过剩人口来提供。”（第632页）当然，在任何绝对的意义上说，人口都不是过剩的，只是相对于资本所提供的雇佣机会来说才是过剩的。因此，工作日在延长，劳动强度在提高，“工人阶级的一部分在过度工作，从而迫使另一部分工人无事可做；反过来，一部分工作无事可做，又迫使另一部分工人从事过度劳动，这成了资本家致富的手段，同时又……加速了产业后备军的产生。”（第636页）

在结束这一节时，马克思对各种对立观点一一加以论述。他对马尔萨斯关于工资和人口的统计极尽嘲讽。在马尔萨斯看来，高工资提高了出生率和劳动力的供给，理由是根据长期进行人口统计结果，生产周期基本介于7年至10年。他还重复了第15章第6节中对“补偿论”的批判。

Ⅳ. 相对过剩人口的各种形式。资本主义积累的一般规律

劳动后备军可以分为不同的部分。流动的过剩人口由过去为资本劳动现在依然处于现代工业中心的失业工人组成。他们包括曾经作为童工被雇佣而在成年后（因为工资变得昂贵）又被抛弃的人，以及那些健康已经被损害的人。这部分后备军对于资本的需要来说最为合适。生产周

期时而把大量工人抛入后备军，时而又把他们再吸收到雇佣队伍中。

在农业领域，资本主义农业的发展造就了庞大的临时工队伍（与此相应的则是低工资）。这个农业后备军被马克思称为潜在的过剩人口，他们的存在，能够保证随时有新的工人充实到城市工业中去。停滞的过剩人口由那些很少被雇佣或就业极不规律的人以及在得到就业机会时工资非常低的人组成。他们为小手工业和家庭手工业提供了劳动力。在社会最底层，则是大量需要救济的赤贫阶层。

“资本主义积累的绝对的、一般的规律”是指：“社会财富即执行职能的资本越大……产业后备军也就越大……产生后备军越大，官方认为需要救济的贫民也就越多。”（第 644 页）随后，马克思又做了进一步的补充：“像其他一切规律一样，这个规律在实现中也会因为各种各样的情况而有所变化，不过这些情况不属于这里探讨的范畴。”（第 644 页）

就业的竞争压力不仅压低了工资，而且还为资本家延长工作日和提高劳动强度提供了有利的机会。马克思还提醒我们机械化对劳动条件和人身自由所带来的危害。最后，他总结道：“不管工人的报酬高低如何，工人的状况必然随着资本的积累而日趋恶化。”（第 645 页）

V. 资本主义积累一般规律的例证

在本章最后一节，如标题所示，马克思引用了大量材料证明上述结论。

第八篇　所谓的原始积累

第二十六章　原始积累的秘密

马克思把资本主义作为一个自行再生产的制度做了分析。现实中，它也是在不断扩大的规模上完成自身的再生产的。他接着解释了资本最初是怎样来到世间的。原始积累是资本在剩余价值产生以前的最初积累，因为剩余价值不能在没有资本存在的条件下产生。

在对资本家（或其先辈）勤俭美德的解释进行批判之后，马克思提出了问题。货币和商品不是资本，它们要转化为资本，就需要人们分裂为两个阶级，一方是资本家，另一方是自由劳动者。“因此，创造资本关系的过程只能是劳动者和他们的劳动所有权分离的过程，这个过程一方面使社会的生活资料和生产资料转化为资本，另一方面使直接生产者转化为雇佣工人。”（第 714 页）需要注意的是，这并非一个分析生产资料的问题，而是使生产资料转化为资本的问题。

资本主义是在封建主义制度基础上发展起来的，所以，原始积累包括两个方面。使劳动者“在双重意义上获得自由”，不仅是指人身的自由，而且还指他们在生产资料所有权上的一无所有，这首先包括作为生产者的人身解放、农奴制的废除以及行会制度的废除等等，其次包括使生产者与生产资料相分离，剥夺他们对生产资料的所有权。由于“资本主义时代是从 16 世纪才开始的”（第 715 页），而农奴制的废除以及将这些地方变成资本主义发展的中心需要很长时间，所以马克思重点分析了对生产者的剥夺。他的例子是第一个发展成熟的资本主义国家——英格兰。

第二十七章　对农村居民土地的剥夺

英格兰在 15 世纪左右是一个拥有自有耕地的自耕农国家。城镇是自治的，雇佣劳动只是起着从属作用，总体生活水准相当高（在关于工作日的分析，马克思已经说明，这使劳动时间的延长一直持续到 19 世纪）。原始积累的核心是驱逐农民并将其转化为无产者。在这个方面，一个有趣的例子是日本：日本作为一个封建制的国家，是欧洲以及欧洲殖民地之外成为主要资本主义力量的另一个国家。

原始积累过程大约开始于 16 世纪。耕地变成牧场，耕农被赶出家园。比利时佛兰芒人对羊毛的需求在这里是主要的刺激因素（从这个原因出发，积累过程的开始看起来像是一个偶然的外部因素）。促动因素包括废除教堂领地的基督教改革运动以及玫瑰战争的结束为雇佣兵和封建家庭等等提供大批人员。在这个早期阶段，国家还会限制圈地，但同时也会镇压受害者的任何反抗。

甚至在 17 世纪，“自耕农”即独立农民还比“租地农民”的人数多（需要注意的是，马克思说的是资本主义租地农民，即工资劳动的雇佣者）。17 世纪革命以后，国家改变了立场，明确地开始鼓励对公有地的圈地行为和对农民的剥夺。这个过程一直持续到马克思时代，最后一次剥夺是对英格兰高地的领地的“清扫”。从那时起，在英格兰独立农民就彻底消失了，资本主义农业得以确立，并且为城市工业造就了一个“自由的”无产阶级。

第二十八章　惩治被剥夺者的血腥立法

在原始积累的早期阶段，比起被吸收到工资劳动者的队伍中来，无产者的增长速度更为迅速，从而形成了大批不幸的流浪者。立法企图通过惩罚受害者这种显然毫无意义的残酷行为来扭转这一过程。

但是，直接惩罚新生的工人阶级的镇压方式是有其自身目的的。在一个成熟的资本主义制度中，工人阶级的地位无可选择地处在“经济关系的阴暗统治”之下。相反，在资本主义初期，工人却是迫于压力而被迫驯服，雇佣劳动仍然不普遍，工资较高而利润较低。整个立法的制度进程都在于压低工资（开始时并不成功）和剥夺工会的权利（参照第10章中延长工作日的立法）。英国议会“五百年来，……一直保持旨在反对工人的永久的资本家‘工联’的地位”。（第741页）

第二十九章　资本主义租地农场主的产生

马克思的研究对象是资本而不是资本家的起源。但是，对农民的剥夺使土地转归大地主，从而在农业领域产生了三个阶级：地主、租地农场主（资本主义农场主）和雇佣工人。那么，租地农场主是从哪里来的呢？马克思最初说，租地农场主是作为境遇较好的农民或管事人身份出现于14世纪。到了16世纪，价格上涨，以致工资和地租下跌，因为他们受制于货币形式的规则或契约。结果是给农场主带来了一个超额利润的时期，使他们作为一个独立的、重要的阶级而产生。

第三十章　农业革命对工业的反作用：国内市场的形成

无产阶级的形成是资本主义制度产生的前提条件，因而马克思对原始积累的分析就从农业领域和对农民的剥夺入手。资本主义工业的产生是这一理论分析的有机部分。进入资本主义时代前的英国，大多数非农业生产都与农业密切相关，产生了农村家庭手工业。对农民土地的剥夺造成了一系列影响。首先，农村家庭手工业被瓦解，从而为资本主义工业产品的涌入打开了一个缺口，还为加工农业原材料打开了一条通道。破产农民为工业提供了劳动力，同时，那些作为农业劳动力留在土地上的人现在则不得不加倍劳动，延长劳动时间，提高劳动强度，为新兴城市工人阶级提供农业剩余产品。

原则上，市场可以在使用价值量没有任何变化的条件下形成，只要对以前不能出售的市场产品加以调节，相应地迫使用这些产品的人在市场上购买这些产品就可以了。以前那些仅在个体家庭和地方村社中发生的行为，现在则要由独立资本主义企业来执行。在这里，发生改变的只是社会生产关系。在实践中，如马克思所说，农业领域同时存在着一场技术革命。

第三十一章　工业资本家的产生

伴随着农业逐步转变为资本主义农业的过程以及国内市场的形成，某些手工业者有可能并且事实上也变成了资本家。但是，从历史上看，这并非工业资本家阶级产生的主要途径，因为国内市场的形成为世界市场的开放所淹没。

在严格意义上的资本主义生产存在之前，资本已经存在着高利贷资本和商人资本的形式（这些将在第三卷进一步讨论），但是，这些早期的资本还被束缚于封建农业组织和城市行会的控制之下，就像对资本主义生产的限制被摧毁一样。这些资本形式也可以转变为工业资本。

在讨论工业资本的产生之前，马克思又引入了一个对欧洲以外资本主义征服所产生的作用的分析，即一个在众多马克思主义者之间引起很大争论的问题。这个问题是外部利润来源是不是欧洲资本主义发展的主要原因，或者说这些原因是不是直接促进了这一发展过程。在马克思的论述中，外部征服是事后补充的一个原因，由于他着重强调的是英国国内无产阶级的形成，这么看来，马克思必然是把外部利润作为次要因素来看待的。另一方面，他写道："这些田园诗歌般的过程（掠夺、奴役等等）是原始积累的主要因素。"（第751页）这段引文和其他类似的引文常常被现代马克思主义者引用，来证明对"第三世界"的剥削和使之穷困是欧洲资本主义兴起的直接动因。要对马克思这些观点做全面评价，需要借助于《资本论》的一些其他论述（尤其是要参阅第三卷第20章）和马克思的其他作品。当然，将马克思的思想建立在这个问题之上将无法解决事实上的问题。

马克思对英国17世纪末形成的制度做了一个非常扼要的描述："（这些因素）系统地综合所涉及的殖民制度、国债制度、现代税收制度和保护关税制度。……所有这些方法都把国家权力当作工具来使用……暴力是孕育着新社会的旧社会的助产婆。"（第751页）应当注意到，他所强调的是国家权力在国内和国外并行使用，而不仅仅是外部征服。

他还随机举了一些事例来说明这种过渡性制度是如何发生作用的。他引用了有关殖民征服的暴行以及获得利润的文献，解释了公共信用如何促进金融制度的发展并利用征税偿还的办法剥削小生产者的国债利息和促使无产阶级的形成。制棉业的劳动力来自童工，而它的原材料则来自美国的奴隶种植园。马克思由此总结道："资本来到世间，从头到脚，每个毛孔都滴着血和肮脏的东西。"（第760页）

第三十二章　资本积累的历史趋势

至此，马克思得出了结论（随后的第33章具有附录的性质）。在这些包括很多引证的不长篇幅中，马克思最终阐述了他对资本主义的历史与未来的根本看法。这些内容应当仔细阅读和揣摩。

我们的出发点是小生产方式，这是一种以相互依赖、拥有生产资料的个体生产者（农民或手工艺人）为基础的生产。顺便指出，这种方式没有纳入各种生产方式的传统序列（原始公社、古代、封建社会、资本主义社会。具体请参照马克思的《〈政治经济学批判〉前言》），并且不包含阶级对立或阶级剥削的情况。“这种生产方式只同某个生产制度和社会制度相容。”（第 762 页）

“它发展到一定的程度，会造成物质手段的瓦解。”（第 762 页）个体生产者被剥夺了生产资料，被抛入没有财产的无产者中间。接着，资本家竞相剥夺弱小者，通过积聚使生产规模越来越大。“随着掠夺和垄断这一转化过程全部利益的资本巨头的不断减少，贫困、压迫、奴役、退化和剥削的程度不断加深，而由资本主义生产过程本身的机构所训练、联合和组织起来的日益壮大的工人阶级发起的反抗也在不断增长。……资本主义私有制的丧钟就要敲响了。剥夺者被剥夺了生产资料。”（第 763 页）

第三十三章　现代殖民理论

马克思用一篇皮尔先生殖民的讽刺性故事结束了第一卷。在这里，殖民是指对处女地或者驱逐土著居民并对其土地的占有，并不涉及对土著居民的剥夺。皮尔先生带着工人、生产资料以及资本家所需要的一切资本来到澳大利亚，但是，他唯一忽略的一点是，将他的工人与生产资料相分离并将前者变成工资劳动者；换句话说，他忽略的根本一点就是马克思在《资本论》中始终强调的要点。尽管发现了大片良地，但他的工人们最终还是抛弃了这个不幸的皮尔先生，“他什么都预见到了，就是忘了把英国的生产关系输出到斯旺河去！”（第 766 页）

第二卷

资本流通过程

第一篇　资本形态变化及其循环

《资本论》第一卷说明的是剩余价值的来源。马克思一度提示了剩余价值在生产过程中的来源，并以交换为背景展开了论述。第二卷又回到了交换领域，并且仍假定商品交换按其价值进行。竞争、市场价格、信用、利息和租金留在第三卷进行分析，所以，这里的分析仍然是很抽象的。

《资本论》第二卷和第三卷在马克思逝世时仍然没有完成，而是由恩格斯从大量相当混乱的手稿中整理出来的。因此，第二卷与第三卷同第一卷比较起来要重复得多，并且存在着许多前后矛盾的地方和没有结论的论述。

第二卷第一篇有三点主要思想：第一，资本的再生产包含在一个生产和交换重复替换的过程之中。生产资料和劳动力（在交换领域）被购买，商品（在生产领域）被生产并（在交换领域）被出卖和转化为货币。这有利于再重新开始整个过程。第二，不同的资本循环是相互联系的。一个资本家购买的生产资料就是另一个资本家的产品；一个资本家支付给工人的工资，工人会花费在购买其他资本家的产品上。第三，由于各个资本相互依存的关系，因而，整个制度在面对“危机”时是脆弱的。这不是一个纯粹的理论观点，周期性的危机在马克思时代每隔7到10年就会发生一次。假如需求下降，资本家将不能出售他们的产品，并且会减少对生产资料的购买，工人被解雇，消费需求进一步下降，危机变得更加严重。马克思充分论证了周期过程的各个阶段，特别是危机，但他从未把周期理论完整系统地放在一起论述。

第一章　货币资本的循环

资本概念第一次被介绍（第一卷第二篇）时是用公式 $M-C-M'$ 表示的。资本家预付货币（M）购买商品（C），商品被再次出卖，资本家得到更多货币（M'）。马克思已经证明剩余价值是在生产过程中创造的，所以他重写出下面的公式：

$$M-C\cdots P\cdots C'-M'$$

上面公式中，$C\cdots P\cdots C'$ 表示一个把一系列商品 C 变为另一系列具有更大价值的商品 C' 的生产过程，P 两边的圆点表明生产过程在连续的交换交易中被中断。$M-C$ 和 $C'-M'$ 两种交换行为都是为价值而进行的交换。

总循环或循环运动被定义为资本，因为资本不是一个商品而是一个过程，在这个过程的组成部分中，没有一个资本家生来就是资本家。生产可以发生于任何社会，包括资本主义社会或其他社会中，但交换只发生在商品生产方式的社会中。

Ⅰ．第一阶段 $M-C$

就 $M-C$ 自身来说，这仅仅是一种购买商品的行为，可对于资本家来说，这不是随便地购买商品。他按适当的比例购买劳动力和生产资料，这种等价交换被当作资本循环的一个阶段，并且货币作为货币资本被使用，因此，马克思又重写了循环公式：

$$M-C\left\langle\begin{matrix}L\\ MP\end{matrix}\right.\cdots P\cdots C'-M'$$

上式中，L 和 MP 代表劳动力和生产资料，它们合起来就构成生产资本。

劳动力的购买（$M-L$）规定了生产资料所有者阶级和自由劳动者阶级之间的一种特殊的阶级关系。这种关系使货币转化为资本成为可能。正如同货币只有在存在奴隶制度的社会里才能用来购买奴隶一样，货币也并非生来就是资本，它只有在特殊的社会关系并作为资本循环的一个阶段时才变为资本。

Ⅱ. 第二阶段生产资本的职能

在第一卷中已经对生产过程作出详细分析，在这里不再作更多的说明。当然，要生产剩余价值，资本家必须使劳动力发挥作用以生产商品。

资本主义生产的发展使商品生产普遍化。工人必须把工资花费在商品上。资本家必须购买生产资料，所以他必须出卖商品，必须生产足够数量的商品。

不过，生产资料也能从非资本家（商品生产者）手中买到。“例如，资本主义的世界贸易对中国、印度、阿拉伯等国家的人民最初发生的影响就是如此。但是接着在它已经扎根的地方，它就会把一切以生产者本人劳动为基础或只把多余产品出售的商品生产形式尽行破坏。”（第 34 页）

Ⅲ. 第三阶段 $C'-M'$

包含有剩余价值的全部商品叫商品资本，接着它们必须出售。货币资本已首先转化为生产资本，然后又转化为商品资本，而现在最终又转化为（增大了的）货币资本。这些被称为“资本的形态变化”。作为资本，每种形式的性质通过在总循环中的作用表现出来。商品资本的顺利出售（实现）证明它是资本，出售行为则是按商品价值进行的。

Ⅳ. 总循环

资本“表现为一个价值，它经过一系列互相联系、互为条件的转化，……这些形式正像许多形态、阶段，作为总过程的各个部分。”（第 47—48 页）经过这些阶段的资本被称为“产业资本”，是资本的基本形式。

许多原因会使循环中断，如果这样的话，闲置不用的资本可能仅仅作为贮藏货币被储存下来，未使用的生产资本可能会导致生产资料闲置、工人失业或商品滞销，这些均可能阻碍市场的正常运行。

在正常的条件下，循环通常不会有任何中断，这个过程会继续耗费时间，资本的周期将在本卷第二篇详细讨论。

运输是一种特殊情况，它的作用是改变物品的场所，并且这种作用使商品在出售前不能被贮存，也就是说，在运输条件下没有商品资本待售阶段。可是，运输的作用可以被认为具有商品性质，它能被用于个人消费（例如，一次愉快的旅行）或生产消费（当生产资料被运输时）。在运输中所耗费的劳动也创造价值。

商业部门能作为货币资本和商品资本的特殊媒介而独立存在，但对于产业资本来说则是次要的。对它们的考察将在第三卷第四篇详细展开。银行、商业等部门能承担产业资本的真正职能和分享剩余价值，但剩余价值来源于生产领域。

最后，马克思指出，资本的再生产涉及循环的连续重复进行，$M-C\cdots P\cdots C'-M'-C\cdots P\cdots C'-M'$，等等。循环可以从任何地方开始，即可以把 P 看作出发点（下一章的考察点），也同样可以把 C′看作是出发点。（第 3 章）

第二章　生产资本的循环

从 P 出发，循环表现为 $P\cdots C'-M'-C\cdots P$，从这一角度看，循环表现为一个（必要的）生产过程连续更新的周期性的中断。

Ⅰ. 简单再生产

简单再生产是（假定）所有剩余价值都被资本家用于个人消费，所以生产是在原有规模上的重复（假定所有条件保持不变）。无论何时，马克思在分析再生产时，他的顺序都是从简单再生产开始然后进一步研究考察积累。

现在，交换表现为 $C-M-C$ 形式，正如在简单商品循环（第一卷第三章）中阐述的那样，资本家的目标恰如一个小商品生产者，似乎仅仅是为生产的再组织加入私人消费。马克思强调资本家的消费来自剩余价值，所以与小商品生产者的消费有很大差别。小商品生产者消费的是自己劳动创造的价值。

在生产资本的循环中，货币资本只起着转瞬即逝的作用，它是资本家生产的结果（不是出发点，正像前面章节所说明的一样），为了资本家的消费，要把它再次变为生产资本和商品。

商品一旦被出卖，个别资本家不需要为自己的前途担忧。如果商品的总循环被瓦解，个别资本家仍能暂时继续出售其产品，因为他们掌握了所有批发商和商人。但是好景不长，生产最终仍会被中断。

Ⅱ. 积累和规模扩大的再生产

剩余价值一般并不全部花费在个人消费上，一部分被积累，因为要有一个小范围的新投资（在不同产业部门有所不同），剩余价值必须作为“潜在的”货币资本被贮存，直到积累起足够的量。

积累可以用公式 $P \cdots P'$ 表示，生产资本 P 所产生的剩余价值被积累，所以，下一次循环在一个扩大规模的基础上发生，用 P' 来表示。公式 $M \cdots M'$ 代表一个生产的单独循环过程，产生剩余价值，$P \cdots P'$ 表示积累。

Ⅲ. 货币积累

剩余价值在被转化为追加的生产成本之前，必须先作为货币被积累。在第二卷，马克思最关心的问题之一是有正常的生产和交换的“节奏”，并且在那“节奏”中有中断的可能性，这些中断之一是货币贮藏的积累。在以后阶段，他将讨论银行怎样使闲置资本作为积极的货币资本运作起来。

Ⅳ. 储备金

潜在的货币资本（等待作为资本使用的贮藏货币）可以作为储备金，并且在商品出卖因某种原因被延迟时使生产能够继续进行下去。

对此，马克思评述道：生产资本的循环、再生产或生产从一个周期到下一个周期的重置是古典政治经济学注意力的中心点，而马克思自己则从 $M\cdots M'$ 的循环式出发，因为它更清楚地表明剩余价值的生产过程。

第三章　商品资本的循环

资本的循环运动也可以从 C' 开始分析，上一个生产循环的产品以下一个循环的产品为终点。就社会总资本的观点而论，产品在两种不同用途之间进行分配，并且在下一个循环中被再生产出来，这是魁奈和重农主义者的观点。

商品资本 C' 必须在适宜的原材料（生产资料以及被指定用作个人消费的物品等）形式上存在。假定再生产成为可能，两个生产部类所必需的比例关系将在本卷第三篇论述。

第四章　循环的三个公式

第一篇前三章讨论的三个公式，从不同的角度描述了同样的过程。

在任何时候，都有一定数量的货币和成品在手，生产过程在继续进行，每个资本都是独立的，如供应商和顾客那样。产业资本沿着轨道连续进行，这样也就同时处在它的一切循环阶段以及与各该阶段相适应的不同的职能形式上。（第 102 页）

社会总资本的大小决定生产的全部规模，在任何时期，总资本的大小都是前期阶段积累的结果，它作为积累的收入而增长。总过程的职能需要决定着总资本划分为贮藏货币、生产资本和商品资本。总过程的任何部分一旦中断，如果十分严重的话，都能使整个过程遭到破坏并导致危机爆发。

商品在循环流转中的正常买和卖是在资本主义制度内部的交换，包括资本之间进行的交换以及资本家和工人之间进行的交换。这种需要并非总是如此。某种商品一旦出现在市场上，其来源并不重要，就是说可能是非资本家生产者的产品。那么，资本主义制度往往会削弱其他生产方式，并且使所有直接生产者转变为工资劳动者。同时，非资本主义生产方式的产品一般要经过充当产业资本与其他生产方式中间人的商人之手（参照第三卷第 20 章）。

本章未完成对商品需求的讨论。作为资本家，其作用在于他所投入的商品价值比他所购买的（需求）的商品价值要大，假如产品价值是 $c+v+s$（以通行符号的形式），资本家用价值 c 来购买生产资料，支付工资 v 以供工人花费。似乎需求只相当于 $c+v$，而供给是 $c+v+s$；当然，不同的是剩余价值。

在简单再生产条件下，资本家把全部剩余价值 s 用于个人消费。因此，他的总耗费加上他雇佣工人的支出，与他所出售的商品数量相等。如果这是就所有资本家而论，那么，总供给将与总需求相等。

无论如何，在实践中资本家都要积累。如果他们立即花费掉全部剩余价值，部分用于个人消费，部分用于增加生产资料和劳动力，那么，总需求仍然等于总供给。因为当新增工人花费工资时，劳动力的新增购买就转化成了对新增工人所生产的商品的需求。对特殊商品的需求与在简单再生产条件下是有区别的：这里需要更多的生产资料和维持生活需要的商品以及一些奢侈品。生产的构成也必将有所不同。

假如剩余价值被作为货币贮藏起来，且在它达到足够数量时用来进行可行的投资项目，那么，需求的短缺仍将存在，并威胁再生产的进行。马克思没有继续叙述（这一点将在后面再进行研究）。但显而易见的是，假如以前积累的贮藏货币与现用的贮藏货币相等，那么再生产就不会受干扰。（参照本卷第 17、20 和 21 章）

第五章　流通时间

本章讨论流通时间。在某种程度上，本章与第 12 章有所重复，第 12 章有同样的标题，但二者是对不同（未完成）手稿的重新整理。

一个资本的全部循环或周转时间是由生产时间加上流通时间所构成的。剩余价值只有在劳动力被实际使用的时候才能创造出来。在劳动力使用过程中，生产时间比这个过程要长，由于生产的中断（例如：夜间）和（在一些情况下）技术上需要的间隔，比如酒的酿造期和庄稼生长期，耐用生产工具的价值周转甚至更慢得多。这一点将在下一篇进行更充分的讨论。

流通时间是资本作为货币资本或商品资本停留在流通领域的时间。它会进一步增加循环的长度。使用价值可能会随时间而变质。如果流通时间被延长并超出了其正常长度而引起价值损失，则会增加流通费用（参照下一章）。在循环的各个阶段上，都不会产生价值和剩余价值。

如果资本在流通中大部分时间是静止的，那么，在一定的时间里，一定量的资本将产生较少的剩余价值，或没有产生剩余价值，政治经济学已被年利润率的计算所蒙蔽（或诸如此类），认为纯粹的时间过程会产生利润（剩余价值）。马克思将在第三卷第二篇说明各经济部门之间的利润率平均化，并将证明这一点。

第六章　流通费用

流通费用包含在用来交换的商品中，马克思认为，流通领域的劳动支出不需要产生使用价值，所以不创造价值。买和卖产生的成本来自扣除掉用来生产剩余价值的那部分资本。

顺便说明一下，这一点是次要的。如果我们想与马克思划清界限，从而在流通领域计算劳动力支出所产生的价值，那么，这种意义上的商品价值就会增加，但却不会提高劳动力价值，因为工人需要具有更大价值的商品。扣除工资后归资本家阶级的现实剩余产品并不会因为各种计算价值的方法而改变。

Ⅰ. 纯粹的流通费用

买和卖需要时间和劳动，这些费用可以由资本家自己承担；也可以由雇佣工人承担，工人工资包括不产生任何价值的可变资本部分；也可以由商人来承担。同样地，簿记是必需的。社会资本的一部分被固定在货币形式上，数量等于耗费相应的劳动所产生的黄金，这些是资本主义商品生产的“人工费用”（成本、负担）。

Ⅱ. 保管费用

大量的商品必然以“供给形式”存在于市场上。换言之，这是购买商品所必需的。由此产生的保管费用则存在于直接劳动形式（看守人）和仓库等等形式上。在任何社会中，生产资料和消费品的储备都是必需的，在资本主义商品生产制度中，它们构成了商品供给。资本主义制度的发展扩大了从非商品储备（因为它们不是为了出售）到商品供给的转化，从而扩大了商品储备。同时，还可以通过交通工具和通信系统的发展（成比例地）减少储备，使供给更为规则和频繁。

Ⅲ. 运输费用

运输不像简单的购买和出卖，它创造价值，因为它使得使用价值的位置发生转变。运输业的进步减少了对劳动的需求，而且运输增加了价值，就像其他行业的进步降低了产品价值一样。

第二篇　资本的周转

资本主义的剩余价值生产是一个循环的过程。货币被预付用来购买劳动力和生产资料，商品生产出来并且出卖得到货币。货币又被支出以维持这个过程的持续。剩余价值率是衡量预付的可变资本在单个循环中产生剩余价值的比率，现在马克思要讨论的是资本的循环或周转所用时间的长度。假如循环迅速地完成，一定的可变资本在任何给定时间长度里将产生更多的剩余价值。如果循环花费时间长，那么生产周期的完成所用时间还要长。需要大量资本支出并且缓慢产生其价值，耐用生产工具（固定资本）的存在以及在较长的生产过程中预付资本的可能性会使问题变得复杂。

第七章　周转时间和周转次数

周转时间是资本为完成一次循环或者说循环运动而花费的时间，即 $M \cdots M'$，$P \cdots P$，或 $C - C'$。T 期间的周转次数（通常为一年）是 T/t，式中 t 是周转时间。例如，如果周转时间是 3 个月，那么每年要周转 4 次（$12 \div 3$）。

第八章　固定资本和流动资本

Ⅰ. 形式区别

劳动设备（工具、机器）不会在一个生产过程中全部耗费掉，而是持续一段时间之后才被消耗殆尽。它们的价值会在这一时期中转移到产品中去。马克思把包括在（耐用）生产设备中的那部分资本称为固定资本，把不变资本剩余部分（原材料、燃料等）以及在一个生产过程中耗费掉的可变资本（劳动力）放在一起，称为流动资本。

固定资本的定义是基于它的全部价值没有立即转移到产品中这一事实而产生的。持续作用的肥地所用肥料、畜力等等都是固定资本。其他特征诸如物理的非流动性也往往带有固定资本的特征，但并不是经常如此。一艘轮船是固定资本，但它是流动的。只有生产资本才可划分为固定资本和流动资本。因为只有生产资本能转移或产生价值。一台待售的完好的机器是商品资本。直到它被投放使用，才能被计入固定资本或流动资本之中。

固定资本的周转时间足够流动资本周转数次之用。流动资本的每次循环都会将其价值全部转移到产品中。但固定资本只有在结束寿命时才在物质上得以替换。

Ⅱ. 固定资本的组成部分、更新、修理和积累

在计算固定资本的周转时间时，要涉及修理和更新等复杂情况。马克思通过做出某些区分对此加以论述。在最简单的情况下，经过一段时间之后，固定资本的所有部分都得到更新。固定资本不同部分的更新期是不同的。设备部件的寿命取决于使用过程中的磨损和耗费程度，还有来自纯粹的时间过程和机器更新换代使之变旧的“精神折旧”。在某些

情况下，某些部件被周期性更新，这可与局部扩大（但必须加以区别）结合起来。局部的更新和扩大是在为更新提供积累的货币准备金的范围之外筹措资金。

相反，在每一个生产周期中，维修都是一项必需的支出并且应当视其为预付的流动资本，就像其他流通费用一样。马克思把为应付自然灾害的保险看作是剩余价值的一项扣除额，不太清楚他是怎样区分灾害和更新二者的。但两者之间几乎没有区别，因为无论如何资本家都是要为之支付费用的。

在固定资本的使用期内，资本家必须积累一笔货币准备金，以便为固定资本的最后更新提供资金。这笔“折旧基金”是逐渐积累起来的，等到更新需要支出时，即立即全部投入流通。存在于货币形式上的一部分经常由个体资本家积累和再支出。在更大的范围内，经常在不同资本家的“折旧基金”之间重新被分配。在信用制度下，这种临时性的闲置基金可以动用起来当作现行资本。

第九章　预付资本的总周转与周转周期

固定资本和流动资本有不同的周转期。任何资本的总周转是它的组成部分的平均周转时间，每年的平均周转次数按照每年所用资本的周转和被分为预付资本的部分来计算。举一个例子会把这个原理解释得更清楚些。假定一个资本家预付 10000 英镑购买固定资本设备，寿命为 10 年，并假定预付 1000 英镑流动资本一年周转 21 次，那么预付资本是 11000 英镑。一年中资本周转额是 1/10 固定资本（1000 英镑）加上 21 次流动资本 21000 英镑，总计为 22000 英镑，平均周转次数是 22000 英镑 ÷11000 英镑等于 2，这就相当于 11000 英镑资本一年周转 2 次，6 个月周转一次。

第十章　关于固定资本和流动资本的理论：重农学派和亚当·斯密

在马克思的体系中只有生产，并且只有生产中才有可变资本，才产生剩余价值。不变资本和可变资本之间有着本质的区别。固定资本和流动资本之间的区别扮演着十分不同的角色，与周转时间有关，马克思在这里避开了前辈们在这些区别上所犯的错误。

重农学派的魁奈（经常为马克思所称赞）只考察了农业资本，因为重农学派认为只有农业才是经济的生产部门。此外，他对固定资本和流动资本二者作出的区分是正确的。

斯密取得的一个主要进步是把这个思想延伸到所有的产业部门。但同时他也带来了许多混乱（按马克思的说法）。斯密混淆了生产中的流动资本、流通中的资本（货币资本、商品资本）以及产生于商品出售过程的剩余价值三个概念。他还给人们造成了这样一种错觉：作为固定资本或流动资本的财产是特定事物固有的特性，而不是它们在生产过程中所起作用的结果。马克思对斯密关于生产资料作用的论述是持批判态度的。

第十一章　关于固定资本和流动资本的理论：李嘉图

李嘉图把固定资本与生产工具等同起来，并且把流动资本等同于工资支出。这样，他就混淆了不变资本和固定资本、流动资本和可变资本，并且把生产资料和劳动力之间的区别变成了纯粹的周转时间问题。马克思很失望，因为李嘉图似乎违背了他的劳动价值论。

可变资本和流动资本的混淆导致李嘉图认为所有预付资本都是用作购买物质产品的，固定资本包括生产资料和（工人）生活资料的流动资本。这导致了“利润是由储存的货物所产生的”的结论，成为拜物教观念，而马克思则坚持认为，资本家与工人之间的社会关系才是利润的来源。

第十二章　劳动期间

比如两个生产部门，一个是（比如棉纺业）每天或每周生产出一定的成品，另一个（比如机器制造业）的一系列活动要持续很长时间（比如，一个100天的劳动时间）后才生产出一个成品。即使两部门在流动资本上包含同样的日支出额（工资、原材料），第一部门也将迅速获得它的预付资本，而第二个部门则不得不继续支付工资和其他费用。因为较长的劳动期间需要更大的资本支出。劳动期间的长度仅仅决定对流动资本的需求，因为固定资本与生产持续几个劳动期间无关。

马克思的术语稍微有点混乱。他说两个部门使用同样资本，意思是说，预付资本的有着同样的流量（每日、每周）。他也说两个部门“投入资本大小相等”，但是“资本开支的大小是不同的”。有时是很难分辨他所说的是预付资本供应还是所需总资本。

在组织的规模（每日支出量）不变的情况下，劳动期间的长度与对资本的需求是成正比的。长期酝酿时期的计划往往不是个体资本家力所能及的，因而通常需要由国家来完成。个体资本家只能作为承包人分期支付投资来完成。资本的规模集中把这种措施变得毫不必要。资本主义的发展也使劳动期间通过加速生产而趋向于缩短，但同时固定资本变得更为重要，它的平均周转期呈现出延长的趋势。

第十三章　生产时间

生产时间（从开始劳动到待出售产品的完成）可以超过实际劳动

的时间，如果它们在技术上需要中止的话，例如：陶器生产必须烘干，庄稼生长要花费时间等等，这类中断会延长资本的周转时间。

第十四章　流通时间

出卖产品并把得到的货币资本再转化为生产资本所用的时间就是流通时间。流通时间必须包括资本的周转时间。不同的生产部门和同一部门中的不同资本会受到各种延误的影响。

运输时间，即把商品运送到消费者手中并将收益汇款回来的时间是一个主要因素，但随着运输条件的改进，运输时间会缩短，当商品被大批交付时，运货量必然会积累一段时间，这与生产时间的延长是相同的。

在货币资本再转化为生产资本的过程中，也会产生各种延误。当供给效率不高或不确定时，货币贮存和商品储存必定发生，使资本处于不生产和延长周转时间的停顿状态。

第十五章　周转时期对于预付资本量的影响

资本的周转时期是由生产时期和随后的流通时期所组成。一般情况下，生产是连续而不间断的，所以为了继续生产，在生产周期的终点必须把前一时期的产品出卖的预期收入作为追加资本预付出去。

对这个问题进行分析时，马克思沉溺于大量不必要的数值算例，恩格斯作为编辑对此做了评论并指出他所出版的只是马克思留给他一部散乱的手稿整理后的简略版本。他绞尽脑汁使读者对马克思所从事的工作保持兴趣，虽然读者的耐心可能坚持不到这一章的结束。如果马克思生前完成了这部著作，很难相信他会以这种简略形式出版自己的书稿。

马克思的主要论点建立在用一个在生产周期中每周预付 100 英镑的例子上。这笔预付金 9 周周转一次，在生产时间和流通时间之间可以作出各种各样的划分。固定资本被忽视，剩余价值的命运也是相同的。我们或许会以为这是简单再生产的例子，将剩余价值用于生活消费品的购买，但这已经超出了对周转讨论的范围。

主要结果要比想象的简单得多。首先，如果生产持续 9 周，每周耗费 100 英镑，那么，需要支出 900 英镑的资本。在第 9 周结束时，第一笔收入将回流并用于再投资。

其次，一年有 51 周，每年平均周转 $5\frac{2}{3}$（51 ÷ 9），由此马克思得出了各种略有差别的答案。因为他考虑到第一年，所以资本的各部分直到下一年开始后才开始执行其职能。如果他考虑到一年中已经发挥了职能的资本的寿命，那么，他将得出在所有条件下每年周转 $5\frac{2}{3}$次的结论。

最后，收入在每次周转的终点作为总和回流。但其支出则是逐步进行的（在例中，每周支出 100 英镑）。所以，总资本中相当大一部分将作为货币资本被闲置很长时间。在讨论信用时，马克思将再次回到这个论点上，因为大量的闲置货币可以通过银行系统运作起来。

Ⅰ．劳动时间等于流通时间

在这种情况下，资本按每周 100 英镑的比率花费在 $4\frac{1}{2}$周上，当第一个生产时间完成时，第二个就接着开始；当第二个生产时间结束时，第一笔收入的回流就可以再开始生产。这似乎是两个独立的资本在生产时间和流通时间交替发生作用。

Ⅱ．劳动时间大于流通时间

假定劳动时间是 6 周，流通时间是 3 周。在每个劳动时间结束时，为保持生产进行，待收回前个时期的收益之后才会追加三周的资本。

Ⅲ. 劳动时间小于流通时间

如果劳动时间短于流通时间，在第一笔收入回流前，必须有数批产品被生产出来并投入流通渠道。一旦开始产生收入，它们将比在一个较长的劳动时间的条件下以更小的数量更顺利地回流。

Ⅳ. 总结

流通时间的缩短以及由此带来的周转时间的缩短将带来资本的投放（减少资本需求），而流通时间的延长将会增大追加资本（例如，在危机中商品变得难以出售时就是这样。）

Ⅴ. 价格变化的影响

生产资料和劳动力的价格下降将减少每周支出和对资本的需求，而价格上升将会起相反的作用，产品价格的升降关系到资本家的盈亏。

第十六章　可变资本的周转

Ⅰ. 年剩余价值率

年剩余价值率是剩余价值在一年之中的增值率，它取决于划分为预付可变资本的大小。剩余价值在每次周转中的增值是第一卷所定义的剩余价值（没有“年”的限定）。马克思用剩余价值率与年周转次数的乘积得出年剩余价值率。

Ⅱ. 个别可变资本的周转

借助于一个举例，马克思认真研究了工资被预付、被工人花费以及资本在周转期的终点通过出售工人的产品重新构成的问题。

Ⅲ. 从社会观点考察可变资本的周转

资本周转速度快，所需资本额就相对较小，因为耗费的资本不久就会通过商品的出售得到补偿。

在共产主义社会，必须通过很长的酝酿期去制定各项计划的资源配置。这些活动在较长的时期内“从全年的总生产中扣除劳动、生产资料和生活资料”（第 35 页）但不为社会提供收入。社会必须提前计算好它的资源能在多大程度上负担得起这种方式所需的部分。在这一节中，马克思认为，更多的（在非马克思主义的观念中的）“资本密集型”生产方法的利用需要真正的社会成本，批评家们经常意识不到这一点。众所周知的是，马克思的评论都隐藏在《资本论》最不引人注目的部分中。

资本主义社会没有共同的经济核算，“可能出现巨大的混乱并且会不断发生”。（第 315 页）一个宽松的货币市场允许企业长期处于发展阶段，这给市场带来不小的压力，因为企业一旦开始经营，就会需要大规模的预付货币资本。

一旦投入大规模的投资就会扩大对物质资料、劳动力以及（雇佣新工人所需的）生存资料的需求，从而为价格上涨和工资暴跌创造条件。一个非马克思主义经济学家也可能会这样回答：货币短缺。工资上涨，投资将被限制，而均衡得以实现。马克思则认为，开始一项长期计划，就很容易消除投资限制。

在手稿的脚注中，马克思插入了一条看似准备以后再加以阐述的注释：“资本主义生产方式的矛盾：作为商品的买者，工人对市场来说是重要的。但同时，他们也是商品——劳动力——的卖者。资本主义社会常常把劳动力价格限定在最低价。……商品的出售不受一般社会消费需求的限制，而是受大多数人总是处于贫困状态的限制。”（第 316 页）这个注释可以与过去的类似评论放在一起。与其他评论比较起来，这个注释更有影响力：低工资不是引起危机的原因。在著作中，马克思解释了提高工资和价格将怎样导致危机的发生。马克思没有说明与危机有关的计算问题。

最后，马克思指出，市场条件影响资本周转的长度。当价格下跌时（例如，危机发生时），供给在复苏的希望中被有意识地阻塞，从而使流通时间延长。

第十七章　剩余价值的流通

第二篇最后一章的主题是货币的流通。这个问题贯穿了许多章节，并且包括了一些枝节问题。例如，汤普森断言：一个国家真正的财富由它的年产品构成，并且积累的财富主要是财富所有者对年产品数量的要求。在马克思看来，这意味着财富的所有权允许资本家占有另一些人劳动所得的产品。

Ⅰ. 简单再生产

简单再生产是马克思反复使用的一个虚构分析。假定生产保持不变，并且资本家把所有的剩余价值都用于个人消费，虽然事实上他们保存了全部积累资本。

在这一章中，假定所有流通货币由真正的金和银构成。马克思抓住了两个问题。首先，贵重金属生产者的作用是什么？其次，在资本主义制度下，分析货币流通时有什么特殊问题？它与简单商品生产条件下的区别是什么？它们是真正不同的两个问题，但它们在马克思的论述中趋同于同一个问题。

马克思把黄金生产当作直接的货币生产，所以，在黄金生产中资本循环是 $M-C\cdots P\cdots M'$。否则，黄金生产者也和其他任何资本家一样，产生商品和剩余价值。当然，黄金假定为按照它们的价值进行交换。

在简单再生产中，商品生产和交换的规模从这一年到下一年是保持不变的，因此，流通中的货币需求数量保持不变。新生产的黄金只需要用来替换现有磨损的货币，同时提供非货币用途，例如珠宝的生产。为了满足这种需求，必须有足够的黄金生产，正像为了满足再生产的需要有其他足够的商品一样。

此后，马克思回答了一个“反对图克”的人提出的问题。假如资本家支付一定量的货币（$c+v$），他怎么能够取回更多的货币($c+v+s$)呢？货币来自哪里？在排除通过巧妙的手法解决这类或其他问题的尝试之后，马克思表示并无问题存在。在简单再生产中，资本家作为一个阶级，预付 $c+v$ 作为资本并用于个人消费。然后，他们出卖新的生产周期中生产的 $c+v+s$，从而再次从流通中取得他们投入流通的资本。在下一个时期，他们投入同量资本，并再次收回，如此反复下去。货币的循环像简单商品循环一样，这些在第三篇会有更加详细的论述。

现在再提出另一个问题，虽然它与前面所述问题没有关系。假若工资上涨，将会发生什么？工人的必要需求和有节制的奢侈将增加，但同时资本家的总奢侈需求将下降，资源将从供给资本家的产业转移到满足工人需要的产业上。

在这里，马克思的目标无疑是要抵制“增加工资也无济于事”的观点。因为它们只引起价格的上涨，而工人并无任何受益。他争辩道：一般来说，价格不会上涨，因为资本家的需求下降将与工人的需求增加一样多。如果资本家能够按其意愿提高价格，工资究竟能否同幅增加呢？

他进一步对工资和价格进行分析。必需品价格的每次增加都会引起工资的提高（而不是正好相反），每一特殊产业部门的工资自行提高能使另一部门的产品价格上涨。工资总额的增加引起该部门不变资本价格以更高比例增长，但同时可以降低其他产业部门的价格。后面这两种情况的依据在第三卷第二篇有明确的解释。这些情况会导致观察者错误地认为工资总额的增加引起了总价格的提高。

这一节对货币周转率和资本的周转之间的关系作了简单讨论。当然，两种周转是十分不同的。资本的周转趋势比货币周转更迅速，这是确定无疑的。但货币周转率能通过其他的作用等同地增长，比如，为了向货币转化而在技术方面所做的改进，虽然这与资本的周转速度无关。

Ⅱ. 积累和规模扩大的再生产

积累即在资本主义经济的正常状态，发生在剩余价值部分或全部被作为新资本预付而不是用于个人消费的情况。分析的主要线索与简单再生产是一致的，因为大多数商品的生产和出售在流通中是同时增加的，需要追加流通中的货币。除非能发现经济地使用所需货币的方法（通过加速流通周转率）或除非有发行足够的贮藏货币。追加的货币来自黄金的生产（当然，在现代纸币制度下，货币可以简单地印刷出来）。黄金的生产吸收了各种现实资源（劳动力、生产资料），并且必须作为资本主义生产制度下社会成本之一来计算。贮藏货币被积累，然后作为生产资本进行投资，然后再次发行。如果资本家积累的要求是其他方面（银行、保证金、保险）而不是闲置资本的平衡，那么，货币就会流入其他使用者的手中。

第三篇　社会总资本的再生产和流通

第十八章　导　论

Ⅰ．研究对象

资本的再生产是一个循环过程，且处于连续不断的更新之中。在这个过程中，含有剩余价值的商品被不断生产和出售，然后又购买生产资料和劳动力，以便重新开始生产过程。至此，马克思主要从假定一个个体资本家顺利出卖其产品并能在市场上买到有利可图的生产资料和劳动力的观点出发，分析了生产和再生产。

每个个体资本，不管怎样都只是社会总资本的一个部分，在第二卷最后一篇，马克思研究了社会总资本的再生产，从这个观点看，只从价值上考察资本再生产是不够的，资本的物质要素也必须进行再生产。各个商品的生产必须与其需求相适应。如果购买到生产资料，就必须先把它们生产出来，如果工人的劳动力得到报酬，就必须使他们的工资能够花费在他们所需要的消费品上。

社会生产的总过程必须与商品交换的总过程紧密配合。简单再生产前后关系的主要问题是在第 20 章得以论述，那是分析的核心。在此之前，一些理论前提需要首先得到解决。

Ⅱ．货币资本的作用

货币资本的讨论是一个题外话，并且对于讨论无多大帮助，货币资本是每个个体资本的出发点，并且投资收益会限制生产的规模。个别生产单位的规模会出现增长，而社会总资本的增长必须通过资本的集中和信用制度的发展来实现。

第十九章　前人对这个问题的阐述

马克思从批判他的前辈们开始。他的指责主要针对的是他们造成的简单混淆，而不是思想上的偏见，所以，对于不熟悉魁奈·斯密等人的著作的现代读者来说，这个讨论引起的兴趣是很有限的。在马克思批判的过程中，他扼要说明了他的马克思理论的实质性部分。

Ⅰ. 重农学派

魁奈的《经济表》是马克思创作的主要灵感来源。概括地说，它的内容是，年农产品可以按不同的用途进行划分，然后通过交换进行再分配，从而使再生产过程得以进行。诚然，马克思的目的是分析同样的整个社会产品，但又不仅仅是农产品。魁奈意识到，产品的一部分必须保留下来用于生产（例如：谷物种子）。但这一点被斯密忽视了。斯密把谷物种子作为固定资本来计算，理由是种子不能出卖，并因此得出了固定资本无法流动的结论。正像所看到的那样，斯密将流通过程（交换）与流动资本混为一谈了。

Ⅱ. 亚当·斯密

按照马克思的观点，斯密在一些观点上已经十分接近正确的分析时却陷入了混乱。首先，斯密混淆了使用价值的产生与交换价值的产生。例如，他认为（在农业中）自然产生交换价值。其次，斯密认为，产品的价值由工资、利润、地租所决定，混淆了价值来源和不同收入之间的收入分配。这就如同他认为一块饼变大是因为它被切成了若干片，而不是片的尺度限定了饼的尺度。最后，斯密认为产品的全部价值可以分解为工资、利润和地租，即马克思术语中的 $v+s$，却忽视了消耗掉的生产资料价值的替换部分 c。斯密在许多方面都为这种观点辩护。首先，他区分了净收益和总收益，但又陷入了矛盾之中。他还认为，耗掉的生产资料价值自身可以分解为工资、利润、地租，以支付前一时期的价值，这就带来了许多困难。原因在于，必须区分开现在支出的收益（以及耗费在购买这一年产品上的收益）和过去支出的收益。

无论斯密的这些混淆是否真正被公开怀疑，但可以确定的是，马克思没有对其他作者进行过分的批评。

Ⅲ. 后来的经济学家

斯密的继承人不能指出所有的混淆，李嘉图则把工资和利润看作是对产品价值的分解，并且不是价值的源泉（按马克思的评论这是正确的），但他仍然像斯密一样，认为产品的价值可以全部分解为工资和利润。

第二十章　简单再生产

简单再生产是马克思分析再生产的核心，这里有一点内容的重复，并且中断了对一些问题的讨论，原因是这一章的内容是恩格斯从两份互不相关的手稿中整理出来的。

Ⅰ. 问题的提出

年产品由各个部分构成。其中一部分用来补偿资本（例如：替换生产资料），而另外一些进入消费基金以供资本家和工人消费之用。为了分析社会总资本的再生产，必须说明其各个组成部分在价值和实物上的再生产。假定商品按它们的价值进行交换，并且把所有剩余价值全都用于个人消费，从而再生产是在规模不变的基础上进行。

Ⅱ. 社会生产的两个部类

马克思把产品区分为两个范畴，与此相应地，把经济划分为两个“部类”。第Ⅰ部类是生产资料的生产，第Ⅱ部类是消费资料的生产。

正像马克思在第一卷已经表明的那样，每个生产部门的产品价值可以分为三个部分。第一部分 c，与其相应的是耗费掉的生产资料的价值，在生产周期的终点新增加的价值是 $v+s$，它由所雇佣的劳动力价值 v 和资本家自然增值的剩余价值 s 组成。

如果我们认为每个部门的大量产品都可以划分为三个部分，且价值分别相当于 c、v、s（参照第一卷第 9 章第 2 节），那么，这将有助于理解这个论证。

资本价值的再生产需要社会产品 6 个部分中的每一个（每个部门三个）都有一个买者。为了生产的物质资料被再生产，每个部门都必须得到与耗费掉的生产资料相适应的生产资料，并且必须在和上年同样的范围购买劳动力。假定存在一个年生产周期，固定资本只有在此期间才得以更新，故而暂时忽略掉，留待在第 11 节讨论。

马克思接着用数字举了一个例子。在下一章，这个例子被用来分析再生产“图式”。

第Ⅰ部类的产品，也就是新生产的生产资料的产品，具有 6000 的价值，由 $4000c+1000v+1000s$ 组成，$4000c$ 代表不变资本。数字代表英镑、美元或任何单位，这个例子是假设的。第Ⅱ部类的产品是 $2000c+500v+500s=3000$。

在表格式的形式中，为了便于参考，举例如下：

Ⅰ. $4000c+1000v+1000s=6000$

Ⅱ. $2000c+500v+500s=3000$

在为数不多的几个段落里，马克思阐述了他的分析要点，在后面的几个章节中，这个例子将从不同角度被更详细地分析。

两大部类耗费掉的不变资本（4000 + 2000）必须得到更新，从而需要生产相当于6000价值的生产资料，生产资料的供给必须准确地与第Ⅰ部类的产量相等，假定所有的可变资本（工资）和剩余价值都用于消费品上，使相当于价值3000（1000 + 1000 + 500 + 500）的消费品确切地等于它的供给量。

为了考察两大部类的交换，必须把每个部类作为一个整体（例如：舍去每个部类内部的交换）来看待。第Ⅰ部类消费自己4000的产品（替换 c），剩下的2000卖给第Ⅱ部类。同时，第Ⅱ部类1000产品由第Ⅱ部类内部的资本家和工人消费，留下2000卖给第Ⅰ部类。所以，第Ⅰ部类出售相当于价值2000的产品给第Ⅱ部类，并且在交换中购买同样价值的产品。这样，再生产得以顺利进行。

交换的每一个参与者都得到了货币，并且又把得到的货币花掉，工人获得工资又花费掉，资本家花费他们出售产品所获得的收入（作为预付资本或个人消费）。所以，每一次交换终点的货币都与开始投入的数量相等，以便重新开始这一过程。

Ⅲ. 两个部类之间的交换

第Ⅰ部类价值2000的生产资料卖给第Ⅱ部类，与所换取的消费品的价值相等。为了勾勒出货币流通的轮廓，马克思做了关于交易次序的任意假定，使许多类似的事情得以叙述。

第Ⅰ部类资本家支付1000英镑的工资给该部门的工人，工人用工资购买消费品，1000英镑到了第Ⅱ部类资本家手里，后者现在用1000英镑购买生产资料，货币返回了第Ⅰ部类，至此，交换完成了一半。

价值1000的生产资料留待与价值1000的消费品相交换。马克思假定第Ⅱ部类的资本家有500英镑花费在购买生产资料上，流回到第Ⅰ部类之后，第Ⅰ部类资本家通过购买消费品回流货币。第Ⅰ部类资本家同时有500英镑收入用于购买消费品，使第Ⅱ部类资本家通过购买第Ⅰ部类剩余的产品来完成生产资料的更新。交换完成，并且所有货币都回到了始发点。在这个过程中，细节如何并不重要，只要有足够的货币，交换就可以进行。价值2000英镑的货币允许用价值4000英镑商品总额加上1000英镑劳动力价值进行交换。

然而，为了不断再生产，第Ⅰ部类的 $v+s$ 必须等于第Ⅱ部类的 c，第Ⅰ部类的资本家和工人购买的消费品必须等于第Ⅱ部类所购买的生产资料。我们仍然要问：这两部分为什么必须相等呢？马克思却干脆连这个问题都不加以考虑了。

再生产的关键是，应当把社会资本正确地划分为两大部类。每个部类的 c、v 和 s 的比率都必须以分析的目的而定；s/v 取决定于劳动力价值和工作日，c/v 则取决定于生产技术和商品价值。在这些固定的比率上，第Ⅰ部类的规模的增长（或降低）将增长（或降低）本部类的 $v+s$。同样，第Ⅱ部类的任何变化都会改变第Ⅱ部类的 c。如果第Ⅰ部类的 $v+s$ 大于第Ⅱ部类的 c，那么，为了达到必需的平衡，就得把资本从第Ⅰ部类转移到第Ⅱ部类，如此等等。当然，这种转移除了在危机条件下造成再生产的中断之外，一般不会发生。

马克思指出，这是资本主义社会再生产本身的逻辑可能性，但现实中并不总是这样顺利。

Ⅳ. 第Ⅱ部类内部的交换

第Ⅱ部类生产各种各样的商品。马克思将其划分为两个部分：Ⅱa生产必需品，Ⅱb生产除去工人之外为资本家可享用的奢侈品，后来的马克思主义学者经常把Ⅱa和Ⅱb重新列为两个和三个部门，Ⅱa和Ⅱb的划分只是在第Ⅱ部类内部不同部门进行更细的划分。

Ⅱa部门的工人消费自己生产的消费品，他们得到的工资花费在自己生产的产品上，货币直接流回到资本家手中。Ⅱb部门的工人像第Ⅰ

部类的工人一样，不生产自己消费的产品。他们把工资花费在购买Ⅱa部门的产品上，并且当Ⅱa部门资本家购买Ⅱb部门的奢侈品时，货币流回到Ⅱb部门的资本家手中。假定第Ⅱ部类两个部门之间的规模是成比例的，再生产就能继续进行。马克思通过数值算例做了说明，在下一节又重复说明了一次。

本节的结论是一段关于危机简短但很重要的题外话。在危机中，对奢侈品需求的减少既是绝对的又是相对的，在繁荣时期则随需求的增长而增长，工人阶级也“暂时享受到他们通常买不起的各种奢侈品的消费”。（第410页）

危机产生于需求的降低，即“有效需求的不足”，但这只是一个同义反复，只有对危机的描述而没有对危机发生的原因作出解释。如果有人认为危机是由于工人贫困引起的，并由此认为工人无力购买他们自己生产的产品，那么，他必须把“危机每一次都恰好有这样一个时期做准备，在这个时期，工资会普遍提高，工人阶级实际上也会从供消费的那部分年产品中分享到较大的一份”（第411页）这一事实考虑在内。资本家的需求与工人的工的需求是一样的，正如再生产方案所表明的那样。资本家之所以能够获得利润，是因为工人的工资所得比生产的价值要少，而工人们生产出来却又买不起的商品则由雇主购买。剥削不是危机产生的原因，但却是资本主义再生产的必然现象，后来的许多马克思主义者都采纳了马克思警告过的不能实行“低消费”的理论，并且试图用工人缺乏购买力来解释危机。

V. 货币流通在交换中的媒介作用

马克思通过对流通货币的说明，再次强调货币只是作为商品交换的媒介，并且指出所有货币都会返回始发点以便为下次周转做准备。货币在资本流通中的从属作用（虽然是必要的）是模糊不清的。实际上，还有商业资本和独立的货币资本（金融资本）以及剩余价值分割成各种收入（地租、利息等等）的介入。

Ⅵ. 第Ⅰ部类的不变资本

第Ⅰ部类生产的部分生产资料必须留在本部类内部，用以补偿耗费掉的不变资本。然而，个别企业不能为自己生产所需要的生产资料，所以，交换要在第Ⅰ部类各个企业间进行。

Ⅶ. 两个部类的可变资本和剩余价值

现在马克思又重回到他对亚当·斯密的批评，并用几节内容阐述他与斯密在分析上的区别。在简单再生产情况下，生产的总新价值即两大部类 $v+s$ 的总和与第Ⅱ部类整个产出（总量）即消费品的总产量是相等的。之所以必须如此，是因为所有 v 与 s 都花费在消费品上。由于这个原因，斯密能够坚持他的“纯产品由消费品构成”的思想，并且把所有产品的价值分解为 $v+s$，根本没有加进新增的价值。然而，第Ⅱ部类还是增加了$\left(\text{在马克思的例子中仅增加}\frac{1}{3}\right)$，因为在简单再生产中耗费掉的生产资料完全得到补偿，所以，纯产品仅由消费品构成。

Ⅷ. 两个部类的不变资本

斯密疏忽了产品价值与其物质特征之间的区别，从而导致了纯产品和总产品的混淆。两个部类再产生它们所耗费的生产资料的价值，并且两者都将新价值增加到产品里。在再生产的材料基础上，第Ⅰ部类再产出耗费在两大部类的生产资料，同时，第Ⅱ部类不再产生它所使用的生产资料的物质因素，但产生出全社会需要的消费品，因此，两个部类之间要交换产品。

Ⅸ. 对于亚当·斯密、施托尔希和拉姆赛的回顾

斯密认为，产品的全部价值可以分解为工资、利润和地租，即 $v+$

s，因为所耗费的生产资料的价值可以分解为加在生产较早期阶段所增加的价值 $v+s$。只要我们只考察相应于纯收入的最终产品，即来用于替换耗费掉的生产资料的产品，那么，它们的价值就与整个社会系统的价值$v+s$相等（因为被替换的产品价值等于现有的 c）。如果我们计算所有产品的价值，它们将会超过 $v+s$，虽然马克思没有这样说，但斯密的纯产品方法可以认为是始终如一的，他自己和马克思的分析是现代国民收入核算的基础。马克思抱怨斯密在这个问题上既不清楚又不一致。

X．资本和收入：可变资本和工资

现在，马克思又回到了由于对“资本”和“收入”概念的使用产生的混淆上。大致而言，“资本”是一种必须被保存完整的资金，而“收入”是能花费在消费上的流动收入。然而，大致的说法容易出现错误。

从社会的观点看，就使用价值而论，生产资料必须被替换，并且产品的其他部分能够全部消费掉。从个体资本家的观点看，就交换价值而论，预付资本的价值必须再生产出来，剩余价值是可以消费的收入。

在这里，引起混乱的根源有二。首先，生产资料是为了出卖而生产的，虽然从使用价值的观点看，他的全部产品被用于替换（其他资本家的）不变资本，但是，资本家在出卖它们的过程中获得了收入（剩余价值）。其次，工资支付是资本的预付，但却是工人的收入。货币作为资本预付，用来购买生产资料和劳动力。当交换完成的时候，原始资本以生产资本的形式被完整地保留在所有者手中。货币只是交换的媒介，现在作为收入支付给工人。工人以前没有资本，现在依然没有，工人对消费品的购买是收入的支出。

XI．固定资本的补偿

到目前为止，分析是以下述假设为依据，即所耗费的不变资本在当年得到补偿。可是，固定资本在周期内要替换，保存下来的货币被用来支付更新资金。马克思把固定资本无形损耗也计算在简单再生产中，这有点小题大做。

一部分固定资本在既定时期内不需要替换，所以它的所有者把相应的价值量保留下来作为储备基金，而其他项目被替换，所以这部分固定资本的所有者消费的是前一时期积累下来的折旧基金。前者的出卖多于它们的购买，而后者的购买则多于它们的售卖。如果二者可以互相抵消，一切问题都会迎刃而解。

但是，如果在某个特殊时期固定资本的更新量大于正常情况，那么，更新的购买量将超过折旧费用额，从而第Ⅰ部类的产品就应当比理论假定的数额多，以便提供更新设备。如果在某个时期固定资本的更新量小于正常情况，对第Ⅰ部类产品的需求就小一些。显然，固定资本从当年到下一年更新不稳定，与简单再生产的顺利进行是不相等的。

在正常条件下，贮藏货币以折旧基金的形式存在。当更新设备时，货币反复从这笔基金中流出，并且从流通中提取货币以便抵消，再成为其他的补偿基金。

Ⅻ. 货币材料的再生产

在马克思的分析中，货币是黄金，并且他假定货币在参与的经济内产生（如果黄金靠进口，则要生产相等价值的产品，并在交换时靠出口）。黄金的生产计算在第Ⅰ部类内，“就像通常将金属的生产计入第Ⅰ部类一样”。（第470页）后来的一些马克思主义者把它包括在第Ⅱb部类内。第17章的讨论表明，黄金生产并无特别意义，只是重复而已。

在本节的分析中（像在第17章一样），黄金的生产似乎超过了补偿货币磨损的需要，所以货币才增加为贮藏货币。严格地说，这与简单再生产从当年到下一年规模不变的说法是不一致的，但因为黄金贮藏的增加与对奢侈品的购买在经济上是均衡的，所以，两者差别很小。

XIII. 德斯杜特·德·特拉西的再生产理论

按照马克思的说法，德斯杜特·德·特拉西的思想是，资本家所得利润是高于价值出卖商品带来的。马克思否定了这种理论。

第二十一章　扩大范围的积累和再生产

简单再生产是一个虚构的分析对象；在现实的资本主义社会里，积累是正常情况。有关积累的章节显然给马克思造成了不小的困扰，并且最终也未能解决。

当一个个体资本家进行积累时，他首先要建立货币的贮藏，然后预付它用以购买追加的不变资本（并且，马克思认为应当追加不变资本）。社会意义上贮藏的建立根本不是积累，虽然如果黄金生产超过了货币的磨损，一般贮藏是可能的。

追加的生产资料只有在它们已生产出来的情况下才能被购买。物质资料的积累是为第Ⅰ部类的扩大提供必需的生产资料。

Ⅰ. 第Ⅰ部类的积累

马克思将研究的目标转移到货币贮藏的建立上。一些资本家（A、A'，等等）正在进行贮藏，而另外一些资本家（B、B'，等等）却正在把他们的贮藏货币支付在生产资本上。两种资本家之间必须互相平衡，否则再生产将被破坏。这里假定追加劳动力是自由存在的，充足的货币必须为积极的流通和贮藏而存在。

Ⅱ. 第Ⅱ部类的积累

如果两个部类保持像简单再生产一样的比例，而资本家试图购买更多的生产资料（以扩大生产）和购买较少的消费品，其结果必然是有一些卖不出去的消费品被剩下。马克思发现了这一难题，并通过一个举例加以解决。

Ⅲ. 用图表显示积累

马克思用几个虚构的例子开始。他的第一个例子，即标有（a）和（b）的方案并不能解决问题，所以他又试图建立了用于简单再生产的（A）方案和用于积累的修改过的（B）方案。在建立（B）方案时，他随意改变了（A）方案中 c 与 v 的比例，因为在现实中经济是扩张的，所以第Ⅰ部类必须扩大，而这规模适合于简单再生产。当然，在假设的几个例子中，任何部分都可以改变。

（B）方案现在可以看作是运动的。马克思假定第Ⅰ部类把 1/2 的剩余价值用于积累，c/v 的比例不变，他的例子（B 方案）是：

Ⅰ. $4000c + 1000v + 1000s = 6000$

Ⅱ. $1500c + 750v + 750s = 3000$

在第Ⅰ部类中，$1000s$ 的 1/2 用于积累，所以，第Ⅰ部类预付 500 追加资本（$400c + 100v$）。现在，第Ⅰ部类使用掉本部类产品 4400（4000 用 c + 400 追加 c 来替换），剩下 1600 出卖给第Ⅱ部类（马克思的表述很混乱；他所写的产品的用途似乎是指其价值的组成部分）。

为了使叙述连续进行下去，马克思假定第Ⅱ部类是经常被动地购买第Ⅰ部类的各种生产资料；这是一个很奇怪的假定。第Ⅱ部类的积累受第Ⅰ部类生产资料的控制，并且资本家消费剩余价值部分而这部分并不积累在个人消费上。资本主义制度中并不会出现这种共同行为，这类假定更适合于计划经济。做出这种假定，积累过程顺利进行是不足为奇的。

第Ⅱ部类从第Ⅰ部类购买价值 1600 的生产资料，其中 1500 代表更新资本 c，所以第Ⅱ部类追加 $100c$ 用于预付，并且追加 50 用于 v（保持 c/v 恒定不变）。通过假定，生产资料的需求与供给平衡，所以对生产资料的需求也必须平衡。对消费品的供给和需求进行考察；工人花费他们的收入，这里是1100（第Ⅰ部类新的 v）加上800（第Ⅱ部类新的 v）；资本家花费他们未积累的部分，即500（第Ⅰ部类）加上600（第Ⅱ部类）。对消费品的总需求是3000，它与第Ⅱ部类的产出恰好相等。

现在接着计算积累在第一时期是怎样进行的。马克思叙述如下：

Ⅰ. $4400c+1100v+1100s=6600$

Ⅱ. $1600c+800v+800s=3200$

式中假定 s/v 保持不变，继续往下计算，一直计算到第五年。此后两个部类互相平行增长，这一结果来自异常的假定，假设第Ⅱ部类总是吸收生产资料的任何剩余价值。当第Ⅰ部类扩大时，它将迅速增长，因为第Ⅰ部类的扩大将提供较多的剩余价值；而当第Ⅰ部类相对缩小时，第Ⅱ部类的增长速度也将减缓。两个部类的相对规模自动地调整，但必须再次强调的是，这完全是一种人为的情况。

马克思以类似的方式计算了第2个例子，增加了一些一般性评论，但没有进一步的分析。

他阐明了扩大再生产在逻辑上是可能的，他的方法可用于检验各种可能的假定条件，从而分析这些假定条件是否与连续的积累相一致。但是，数值算例并不是一种恰当的分析方法，因为谁也不知道分析结果是否正确，或者只是一开始幸运地选对了数字所导致的。

Ⅳ. 补充说明

积累需要足够的货币以保证潜在的资本化贮藏的形成，货币来自黄金生产者，他们用自己生产的产品交换其他行业的产品。马克思已经讨论了第Ⅰ部类的贮藏，他现在阐明，第Ⅱ部类的贮藏形式也具有同样的功能。这就是本卷的结尾，当然，在这里他的论证仍未完成。

第三卷

资本主义生产总过程

第一篇　剩余价值转化为利润和剩余价值率转化为利润率

在《资本论》前两卷，对资本主义的分析是建立在简化的假定的基础上，即价格与价值成比例，所以，商品是与同等价值的货币相交换；每一资本都代表着总资本的一部分。对于每个资本家来说，剩余价值的增加都是他自己所雇佣的工人从事剩余劳动的结果。

在第三卷，马克思将我们日常生活中遇到的财产收入分割成利润、利息和地租几个范畴。马克思认为，这些范畴都是剩余价值的形式，从而最终都可以用第一卷对剩余价值的分析加以解释。

在第三卷第一篇，马克思仍然假定价格与价值成比例，并且讨论了资本家是如何看待剩余价值的。对资本家来说，生产成本低于售卖价格的差额就是利润。资本家并不关心剩余价值率，而是关心利润率，利润被预付资本所分割。这一篇为平均利润率（第二篇）和利润率下降趋势（第三篇）的分析打下了基础。

在整个第三卷中，马克思又回到了“产生”这一主题。利润看起来好像是由预付总资本“产生”的，地租好像是由土地“产生”的，等等。在一个对马克思的分析一无所知的粗心观察者看来，这些论述常被理解为是指事物表面上是一个样子，但实际上完全是另外一个样子。例如，利润和地租都是对工人剥削的结果，当然，马克思关于“产生”的评论是对第一卷第一章所介绍的“拜物教”思想的发展。

第一章　成本价格和利润

在马克思看来，一个商品的实际生产费用由它所需要的劳动来计算，即由商品的价值来计算。可是，资本家只计算他必须支付的部分，即必要劳动力和生产资料的价格 $c+v$，马克思把这个叫作商品的成本价格。在使用固定资本的情况下，成本价格包括固定资本的磨损。

这样，资本家所得到的剩余价值现在看来就好像是成本价格的一个增加额，以致使售卖价格成为 $k+p$。式中，k 是成本价格，p 是利润。只要价格与价值是相等的，利润也就是剩余价值的一个别名而已。马克思用这些术语来说明资本家所得是否与剩余价值相等。例如，物品可以低于它的价值卖出，并仍可得到（减少的）利润。在第二篇，马克思将说明商品通常按不同于其价值的价格卖出，因此，任何个体资本家的利润都与他的工人所创造的剩余价值不同。利润表现为或者是由预付总资本产生，或者是通过高于成本的出卖产生（对那些没有学过马克思理论的人看来，好像就是这样的）。当人们这样看待利润的时候，剩余价值与劳动之间的特殊关系就被掩盖了。

第二章　利润率

资本家预付货币的目的是为了取得更多的货币，这就是资本主义生产的关键。资本家所关心的只是作为预付总资本的增加部分的利润。利润率是利润与预付资本的比率 p/C，或者，如果商品按其价值交换，则是 s/C，式中，C 表示预付总资本。如果资本一年周转一次，年利润率可以表示为 $s/(c+v)$，在这种形式中，利润的来源被神秘化了，因为不止可变资本而是全部资本似乎都是利润产生的原因。

第三章 利润率与剩余价值率的关系

用 $s' = s/v$ 表示剩余价值率，用 $p' = s/C$ 表示利润率，我们则可以得到公式 $p' = s'v/C$ 或者 $p' = s'v/(c+v)$。在这里，假定商品是按其价值出卖的。周转时间为一年，各种影响利润率的因素如货币的价值（货币价值的变动会引起纸币的增值或贬值及其他复杂的情况）、周转时间、劳动生产率和劳动强度、工作日的长度和工资水平等都是既定的。

接着，马克思对 s、v、和 c 的变化结果进行了分析。主要的结果是，如果是 s'已定的，利润率则取决于 v/C，反过来则取决于资本的价值构成 c/v。如果把 v/C 写成 $v/(c+v)$ 并且用 v 去除分式的分子和分母，这一结果就很容易看出。从而 $v/C = 1/(c/v+1)$，以致写成 $p' = s'/(c/v+1)$。

利润率与资本的价值构成之间的关系对接下来的两篇是十分重要的。简言之，剩余价值率测定出剩余价值与可变资本的比率。剩余价值与总资本的比率取决于剩余价值率和可变资本与总资本的比率，而后者又取决于可变资本与不变资本的比率，它也取决于周转时间，因此也取决于固定资本与流动资本的比率。（马克思在这章的分析中省略了这一因素。）

第四章 周转对于利润率的影响

马克思只写下了这一章的题目，内容是由恩格斯加写的，这一点已被证明。年剩余价值率等于年剩余价值除以预付的可变资本，也等于剩余价值率乘以可变资本的年周转次数。（参照第二卷第十六章）

同样地，利润率测定出年利润作为总资本的一小部分。如果坚持这一定义，由周转次数不同引起的混乱就不难解释了。马克思的公式$p' = s'v/(c+v)$很容易被误解，因为这里的第一个v（分子）代表一年内可变资本的总支出，而分母中的v则代表所需总资本中的可变部分；只有当周转时间为一年时，这两者才相等。恩格斯提出了可替换公式$p' = s'nv/C$，式中，n是可变资本的周转次数，v是每一周期预付的可变资本。所以，$s'nv$是每年产生的剩余价值，而C是包括固定资本的所需总资本。

马克思关于周转的论述在第三卷是很不充分的；第三卷的手稿实际上是在第二卷周转时间的写作之前完成的。

第五章　不变资本使用上的节约

在剩余价值率一定的情况下，不变资本使用上的节约，减少了用以计算利润的总资本，从而会提高利润率，马克思这一论述的主要观点为分析利润率的趋势打下了基础。

Ⅰ. 概论

资本主义的发展导致不变资本使用上的节约。工作日的延长增加了不变资本的使用时间，生产规模的扩大可以节省建筑物、动力资源等等，提高生产率降低了生产资料的价值，生产排泄物作为副产品的利用是又一种节约。在一定范围内，如果不变资本的使用减少到零，（年）利润率就会和（年）剩余价值率相等。

资本家想提高利润率，但工人对此并不关心，所以，节约必须靠苛刻的纪律来实行，这“在工人为自己的利益而劳动的社会制度下是多余的”。（第83页）

尽管如此，不变资本总量仍然在绝对地和相对地增长。因为，随着生产率的提高，每个工人将支配更多的设备和原材料。马克思在推论他的“利润率趋向下降规律”（下面的第三篇）时，假定 c 相对于 v 来说是呈现增长趋势的。

Ⅱ．靠牺牲工人而实现的节约

马克思列举了多个例子说明靠牺牲工人的健康和安全可以减少支出费用。

Ⅲ．动力在产生与传输中的节约和建筑物的节约

奈斯密斯（一个著名的工程师）所讲述的问题被当作这一节标题下所论及的此类节约的范例。

Ⅳ．产生排泄物的利用

各种排泄物可转化为有价值的副产品。（严格地说，这不是不变资本使用上的节约，但它是适合于这里的论述的）。

Ⅴ．由于发明而产生的节约

大规模的生产和劳动的社会化是发明的生产性应用，从而是提高生产率和节约不变资本的前提。马克思在前面区分了“一般劳动”和“协作”劳动。一般劳动是科学研究和发明新知识的过程，对比之下，协作劳动则是在一般的物质资料生产过程中从事生产活动的个体劳动者的直接协作。他还观察到，“最初的企业家大都遭到破产的命运”，而“从人类精神的一般劳动的一切新发展中，……获得最大利润的大多都是最无用和最卑鄙的货币资本家”。（第 103 页）

第六章　价格变动的影响

Ⅰ. 原材料价格变动的影响

如果剩余价值量和剩余价值率仍保持不变，原材料价格的变化将会改变所需的不变资本，从而引起利润率的反向变化。对外贸易可以利用可用的廉价原材料提高利润率。马克思特别提到，由于很难将这些变化通过价格表现出来，当原材料的价格变动时，利润量也发生变化；如果是这样的话，原材料价格变动对利润率的影响将会增大。考虑到后一个可能性更大，马克思暂时地假设价格与价值成比例。

原材料价格的相对价值的上涨超过一定时间，作为每一单位产量的劳动支出和机器支出就会下降。劳动支出的下降是因为生产率的提高，而尽管机器的使用量增加了，但生产增长得更快，所以，机器的支出也会下降。

Ⅱ. 资本的增殖和贬值，游离和束缚

如果生产资料的价格提高或降低，已经投入到生产资料上的资本也要相应地增值或贬值。如果是价格增加，就需要更多的资本（资本的束缚）；如果是价格降低，对资本的需要就要减少，因为只需要更少的资本来替换生产资料。（这两个影响通常是互相抵消的；如果价格提高了，资本就会增值，但是，如果价格保持高水平不变，资本的扩张就会受到束缚。）

如果劳动力价值发生变化，却不会发生资本的增值和贬值，因为劳动力并不会把它自身的价值转移到产品中去。但是剩余价值率会改变，而且，当劳动力的价格变化时，将会产生资本的游离和束缚。

随着资本主义的发展，由于产量的自然界限，有机原材料易于滞后

于需求。如果是这样的话，价格就会升降波动；人们从很远的地方运来材料，生产就会增长（一段时间的停滞之后），而且替代品也可以应用。然而，价格上升将会降低利润率，引起贬值，从而引起价格下落和生产遭到破坏。农业原材料价格的循环波动与工资的循环波动是极为相似的，它们都倾向于在繁荣时期上升，上升引起利润率的下降和贬值，而贬值又使价格和工资重新下降。

Ⅲ. 一般例证：1861—1865 年棉业危机

美国 1861—1865 年南北战争中断了棉花的供给，在英国引起了棉花价格的上升和棉纺织业的危机，马克思把这一事件作为他关于价格波动的影响这一分析的例证。

第七章　补充说明

表面看来，利润好像与剩余价值毫无关系，这首先是因为，利润看起来好像在流通中增加的（按照马克思的观点，它是在生产中创造的，在流动中只是实现为货币），其次是因为利润率取决于不变资本的使用效果、生产资料的价格及剩余价值率等因素。

马克思也顺带批评了洛贝尔图斯。洛贝尔图斯认为，利润率不依赖于资本的数量，因为资本投入的变化将相应地引起利润的同等变化。根据马克思的分析，这只是在一些特殊的情况下是正确的，而并非适用于普通情况。

第二篇　利润转化为平均利润

迄今为止，《资本论》的全部分析都建立在商品是价格与价值等价交换这一假定基础上，现在马克思开始分析，通过各资本之间的竞争，价格是怎样在市场上实际形成的。这一分析无论如何也不会夸大“价值转化为生产价格”的重要性，因为它是连接抽象的剩余价值理论与资本主义实际经济生活的关键环节。

资本间的竞争倾向于使不同部门的利润率均等，资本家投入一定量货币是为了追求得到尽可能高的利润。结果，资本就从利润率低的部门流入利润率高的部门。资本流入一个特殊的部门增加了这一部门的供给，从而迫使它的价格和利润下降，而资本的流出刚好得出相反的结果。这就倾向于在所有的部门都形成一个单一而一般的利润率，并使价格倾向于形成生产价格，从而使投入每一商品生产的资本都足以得到一般利润率。

一般说来，生产价格与价值是不相称的，因为如果价格与价值一致，就不会在具有不同资本构成的不同部门产生相等的利润率。马克思必须说明生产价格是怎样与价值联系起来的。他认为，一些价格高于价值，而另一些价格则低于价值，这只是剩余价值在不同资本家之间的再分配，而利润的产生可以通过第一卷所阐述的剩余价值理论来解释。

第八章　不同生产部门的资本的不同构成和由此引起的利润率的差别

在前一篇中，马克思已经表明，即使在剩余价值率不变时，利润率也是可以不同的。现在，他假定在一个国家的不同生产部门剩余价值率是相同的，劳动力在市场竞争使工资和工作时间相等（因此剥削剩余价值率相等）。平均化的局部障碍是存在的，但会随着资本主义生产的发展而消除。

由于剩余价值率已定，任何资本所生产的剩余价值量都直接地与它在运动中所使用的活劳动相一致，由于价格与价值一致，利润率取决于相对预付总资本而产生的剩余价值，所以，如果活劳动在运动中与预付资本比例相同，不同部门的利润率才会相等。马克思简要地回顾了资本的技术构成、价值构成和有机构成的定义（在第一卷第二十五章第一节已做了介绍），因为在不同的产业部门间实际存在着资本的构成和周转的差别，所以，如果价格与价值一致，利润率就会不同。

第九章　一般利润率（平均利润率）的形成和商品价值转化为生产价格

马克思认为，价格水平的确定必须（倾向于）能够确保所有的生产部门都得到平均利润率；他把这种价格称为生产价格。正如他在上一章表明的，如果商品按照它们的价值出卖，利润率就不会相等，所以，生产价格必须与价值不同。他接下来要解决的是生产价格与价值之间的关系。关于市场上价格实际决定的方法将放在下一章详加讨论。

马克思用代表整个社会资本在不同部门之间分配的五个产业部门作

为例证。假定在所有部门中，剩余价值率是相同的。马克思还假定所有部门的周转时间为一年。然而，在这个例子中，在说明了预付的固定资本与由固定资本的磨损而转移到每一商品成本价格中的价值之间的区别之后，马克思立即改变了这一假定。在各部门中，资本的价值构成不同，所以，如果产品按其价值出售，利润率就会不同。

下一步是计算总剩余价值并把所有资本（五种）加以综合起来，和预付总资本加在一起，并用后者去除前者，以得到平均利润率。在这个例子中，剩余价值总量为 110，总资本为 500，平均利润率为 22%。现在，马克思假设，每份资本必须得到它所分享的那一份剩余价值，以便取得相等于平均利润的利润率。每一商品的生产价格等于商品的成本价格加上等于平均利润率乘以预付资本的利润率。在这个例子中，如果 100 资本产生商品，成本价格为 70，它的生产价格就是 70（成本价格）加上 22（由 100 资本的 22% 所得到的利润率）得 92。（排列在马克思的第三个表中）

马克思总结道："这些不同的利润率，通过竞争而平均化为一般的利润率……就利润来说，不同的资本家在这里只是作为一个股份公司的股东发生关系，在这个公司中，按每 100 资本均衡地分享一份利润。"（第 156 页）剩余价值的重新分割为资本家阶级阵线和非马克思主义政治经济学者关于利润和资本的神秘化观点提供了客观基础。

整个经济的总利润等于所产生的剩余价值总量，全年产品的价格总量等于它的总价值。马克思的解释有点晦涩难懂，但论点是很明确的。总利润等于剩余价值总量，这是因为平均利润率的计算。生产价格总额等于产品的成本价格总额加上总利润，而价值总额等于成本价格总额加上剩余价值总额，所以，按照马克思的推演方法，这两者必定相等。因此（按照马克思的观点），剩余价值理论说明了总利润和一般利润率的来源。

不同部门周转时间的不同也能体现出来（虽然马克思没有解释这一

点)，相比之下，一个部门周转时间较长就意味着需要更大的资本量，与此相适应，这一资本要取得平均利润，它的生产价格就要提高。

在马克思的分析中，仍有一个大难点，马克思曾两次遇到这个问题而又随随便便放弃了对它的讨论。他说："对于我们现在的研究来说，这一点没有进一步考察的必要。"（第 162 页）如果商品按照它们的生产价格出卖，显然，买者必须支付这些价格。但是，马克思在假设商品按生产价格出卖时，却又按照价值（$c+v$）计算成本价格，他在这一点上是自相矛盾的。

看来，就连马克思自己都认为，作为一个枝节问题，这个问题是可以在以后再加以澄清的，并且他可能打算在后面的章节再对这个问题进行专门讨论的。实际上，进一步的分析表明，它包含的许多问题都绝非是枝节问题。显然，成本价格必须基于这样一个事实重新计算，即按生产价格出卖商品的资本家也必须按生产价格购买商品，成本和价格是同时决定的，因为它们是互相依赖的。更糟糕的是，因为通过竞争而确定的利润率是用来购买生产资料和劳动力所预付的货币资本上的利润率，所以预付资本必须重新计算，而且所需要的资本取决于实际的市场价格。因为马克思的整个分析过程都依赖于平均利润的计算，而这个计算又依赖于预付资本的价值，所以，现在，马克思的所有这些分析都被抛入疑问的旋涡之中。

因此，马克思关于对转型问题的探索必然是或者放弃，或者完全地重建，因为它已经引起了《资本论》中整个分析体系的严重问题。价值和剩余价值如果不能与实际的价格和利润联系起来，将是纯粹的形而上学的概念。

毫不奇怪的是，转型问题已经成为激烈争论的话题，但是加入争论已超出了本书的内容范围。目前，似乎有这样的共识：马克思的结论只有在联合生产和几乎不计固定资本的情况下才能得到挽救。在这种情况下（在实践中是极重要的），困难主要并不在于对生产价格的分析，而是如何在联合生产（在一个生产过程中，生产出两个或更多的不同商品）的条件下规定价值这一重要问题。

第十章　一般利润率通过竞争而平均化。市场价格和市场价值。超额利润

截至目前，生产价格只是作为利润率平均化的假设结果而在理论上加以论述。现在，马克思接着论述生产价格的形成趋势是怎样通过市场竞争而得到证明的。他没有提供关于竞争或市场价格形式的充分分析。而且，由于他对这一问题的研究不够深入，所以，马克思在这一问题上的说明是有些难以理解的。此外，这一章只是很不完备的初稿，而不是经过润色的最后版本。

首先，接着前一章的分析，马克思概述了生产价格的一些特点。因为一般利润率是社会总资本基础上进行的平均，所以，在这些生产范围内，资本构成相当于社会平均状况的资本，它的生产价格将会和它的价值一致。然后马克思提出了这样一个问题：利润的平均化将会导致什么样的后果？

与他的古典经济学先驱者相同，马克思想象价格的决定围绕着一个“正常”价格或一个“中心”，使市场价格发生波动。他最关心的是“正常”价格，他关于价格波动的论述是第二位的。

他认为，因为商品是资本的产品，所以价格围绕生产价格波动比围绕价值波动更为普遍。相反，如果工人占有自己的生产资料，价格将趋向于围绕价值上下波动。

在如此一个“简单”商品生产的制度中，工人购买生产资料，从事商品生产和商品交换。如果产品按其价值进行交换，每个工人能够补偿用掉的生产资料（因为它们的价值已被转移到产品中），并且与他们完成的劳动（社会必要的）相适应，得到一定的净收入。这一净收入

包含着所谓的“工资”和“利润”，不过，从资本主义的发展过程看，无论是“利润”还是“利润率”，在缺少资本的情况下都不相关的。

推测起来（马克思并没有明确论述），因为工人为了使他们的劳动得到最高的报酬，他们便不停地从一个部门转移到另一个部门，这就会使价格趋向于价值。同时，资本主义制度下这种劳动的转移也使工资平均化。这一结论是值得商榷的，工人怎么会转入这些在生产资料的支出上反常地大规模增长的部门？因为简单的商品生产先于发达的资本主义，所以马克思还断定，商品的价值“不仅在理论上，而且在历史上先于生产价格”。（第 174 页）

随后，马克思转而分析市场价格与价值的关系，在分析时，马克思暂时把引起生产价格背离价值的诸因素，抽象化起来。

首先，价值概念被重新定义，一个特殊商品的个别价值是生产它时所实际花费的劳动，因为在同一市场上所出售的相同产品必然要有相同的价格（购买者对于每一特殊物品生产过程中出现的特殊情况并不感兴趣）。商品的市场价值是生产每一类产品时所需劳动的平均量。如果一种商品是在各种不同的条件下（有利的、中等的、不利的）生产的，如果有利条件与不利条件相平衡，中等条件的生产就代表这一平均量；如果有利条件或不利条件占有优势，平均量也将随之改变。当商品按其价值出卖时，平均量必须由大量的商品接任，以满足需要。如果需要大量的商品，在不利条件下从事生产的那一部分（例如，在相对比较贫瘠的土地上生长的庄稼）就要扩大，以满足这种需要。商品的价值也要随之增加。

实际的市场价格仍需解释。马克思的主要目的之一就是攻击当时的“庸俗”经济学家，这些人以为“需求和供给”已经为价格提供了充分的解释。（虽然不是由马克思说的，但据说，只要教会鹦鹉重复“需求和供给”，就可以把鹦鹉训练成一个经济学家。）“供给”和“需求”的概念在当时很流行，但并没有很明确的定义，马克思也没有解释它们。

供出卖的商品数量和消费者愿意购买的商品数量都取决于商品的价格，因此，任何关于供给和需求关系的论述都必须详细说明它所假定的价格，也必须详细说明并讨论生产对价格变化的反应时间周期问题，因为生产的调节需要时间。马克思注意到了这些事实，但他缺少技术手段来清楚地说明相应的后果。

现代经济学家把“供给”和“需求”看作数量和价格之间关系的应变量（在数学意义上）。马克思没有这样做，他好像把“供给”和“需求”当成了实际量，由此就产生了这样一个问题，应该采用什么样的价格？在马克思的论述中，至少一直有这样一种解释，即把供给和需要规定为价格等于市场价值时的供求量。所以，他这样写道：“如果供求之间处于这样的比例，某个生产部门的商品总量就能够按照它们的市场价值出售，既不高也不低，供求就是一致的。”（第 185 页）同样地，其他的一些论述也可以这样理解。但是，它还是不能说明，马克思的概念也如这种解释这么清楚。

这里的解释说明了马克思著名的论断：供给和需求并不决定一般价格，只影响价格的波动。按照上述定义，供给和需求并不决定市场价值，因为为了计算供给和需求，市场价值必须是预先知道的。现代一些经济学家并不把供给和需求当作价格的最终决定者，而只是作为基本的生产费用（供给方面）和社会需要（需求方面）转化为市场价格的途径。对这些给定的供给和需求概念来说，这两种观点之间没有必然的冲突。

假定当价格等于价值时，某一特殊的商品的供求不一致。那么，价格就一定会上升到价值以上（如果需求超过供给）或降低到价值以下（如果供给超过需求）。价格的这一变化是怎样发生的呢？“如果需求……大于供给，一个买者会比另一个买者出更高的价钱……这样就会使这种商品对全体买者来说都昂贵起来，价格提高到市场价值以上。”（第 190 页）当然，在这个较高的价格水平上，购买数量将和供货数量相一致

（在现代教科书的语言中，这将表述为：通过价格的变化，供求量达到了相等。）

价格的上升和随之而来的利润增长将吸引资本投入到这一部门，从而引起生产的增长，生产的增长又迫使价格重新下降。在完全的资本主义经济中，价格将趋向生产价格，而不是价值，因为高于平均利润率可以吸引投资。这一部分是马克思关于价格趋向生产价格论断的直接和主要的论据。它并不取决于任何关于“供给”或“需求”的特殊定义。如果价格下降到生产价格之下，上述过程就是相反的，资本会外流到更为有利可图的生产部门。当然，利润平均化只是一个趋势，资本从一个部门转移到另一个部门是需要时间的，并且同时又会出现新的失调。市场价格始终围绕生产价格上下波动。

在这一章的最后，马克思又介绍了另一个重要概念。任何处于中等以上生产条件下的生产者，都比他的竞争者生产费用低，并且可以取得超额利润，即超过平均利润的利润。超额利润的概念是马克思关于地租分析的关键。

第十一章　工资的一般变动对生产价格的影响

通过一个数值算例，马克思算出了实际工资的一般增加和减少对生产价格的影响。对整个社会资本从而对平均构成的资本来说，工资上升时，生产价格并不会发生变化。成本价格上升，但剩余价值及利润都要按同样的数量下降。对于低于平均有机构成的资本来说，工资在成本价格中占相对大的部分，所以，当工资增长的时候，生产价格就要上升。反之，如果资本的有机构成相对比较高，利润的下降就会超过成本的上升和生产价格的下降。如果出现工资下降的情况，就会产生相反的结果。马克思没有说明清楚他计算价格的计量单位，如果价格用货币计算（以货币商品，比如黄金），那么，价格就要受黄金价格变动的影响。

第十二章　补充说明

Ⅰ. 引起生产价格变化的原因

引起生产价格变化的主要原因是（持续的）一般利润率的变化。只有通过剩余价值率的变化，资本平均构成或周转的变化才有可能发生。这些变化又是和劳动生产率的变化相适应的，或者说，是劳动生产率变化的又一结果。如果成本价格发生了变化，生产价格就要发生变化。因此，如果劳动生产率发生了变化，从而使商品的价值发生了变化，生产价格就会发生变化（这个论证忽略了前一章已论述过的一般工资的变化）。

Ⅱ. 中等构成的商品的生产价格

现在，马克思又转而重新研究商品的成本价格偏离 c + v 的可能性。这是由于不变资本或工人所消费的商品价格与价值不一致造成的。他认为，平均构成的资本生产价格仍然是不受工资变化影响的，因为他没有考虑到成本价格的可能变化是由工资的变化引起的（由于生产资料或必需品价格变化的结果），所以，他的论点难以成立。

Ⅲ. 资本家的补偿理由

一般利润率的建立隐藏着剩余价值的起源，“因此，在竞争中，一切都颠倒地反映出来”（第 205 页）。一旦平均利润率建立起来，它就将进入资本家的计算。在他们看来，每个部门的资本都有权按平均利润率来取得利润，而像资本的高有机构成、慢周转或者风险大这样一些因素本来是要降低总利润率的，但看起来倒成了获得利润的原因，而不是获得利润的障碍。

第三篇　利润率趋向下降的规律

第十三章　规律本身

在马克思时代，经济学家们一般都认为利润率有下降的趋势。马克思同意这一点，但他提出了一个新的解释。他不同意前辈们关于利润下降的看法。他期望资本主义制度的最终崩溃和废除，而他的前辈们则预言资本主义社会是最后的“永恒社会”，在这个社会中，资本主义组织制度永远是完美无缺的。

马克思关于利润率下降趋势的定律引起了许多争论。理论上，问题在于马克思对“趋势”的描述与若干起相反作用的“反作用影响”是连带在一起的。但他没有拿出充分的理由预期这种“趋势”能够克服“反作用影响”。事实上，利润率并没有一个不断下降的趋势。

马克思论据的要点都包含在本章中。接着前面第三章的分析，利润率等于 $s'v/C$，式中，s' 是剩余价值率，v 是预付的可变资本的年流量（所以，$s'v$ 就是年剩余价值），而 C 是预付总资本。一般利润率是由总社会资本的平均数决定的（马克思在第九章已经论述过）。所以，v 和 C 是作为整个经济的一个总体来解释的，在这个阶段，年周转是假定的，从而 v/C 就可写为 $v/(c+v)$，如果资本的价值构成 c/v 增加，利润率就要减少。

如果 s' 即剩余价值率是不变的，资本价值构成提高的结果是 v/C 减少，就意味着利润率的下降，这是非常简单的假设。马克思还假定，作为生产资料，商品的价值是不变的，劳动力的价值是不变的，资本技术构成的每一次提高（作为衡量资本技术构成变化的资本有机构成也是这样）都必然直接提高价值构成。

根据这些假定，资本技术构成的提高必然导致利润率的下降。马克思断言，资本技术构成的提高直接可以带来生产率的提高，因为每个工人可以加工更多的原材料，使用比以前更多的设备。

他总结道："因此，一般利润率日益下降的趋势，只是劳动的社会生产力日益发展在资本主义生产方式下所特有的表现……这就证明了这一种逻辑的必然性，在资本主义生产方式的发展中，一般的平均剩余价值率必须表现为不断下降的一般利润率。"（第209页）

由此不难看出这些严密的论证为什么会受到抨击。被忽视的"相反趋势"绝不只是简单地可以合理地忽略的偶然干扰因素，而是生产率提高本身的直接结果。马克思坚持认为，劳动生产率提高时剩余价值率和劳动力价值不变，两者必然是前后矛盾的，二者之一必有变化。生产率的提高也必然会导致作为生产资料使用的商品的价值下降。

马克思认为，虽然要将剩余价值率的不同考虑在内，但是，这一原理仍可解释利润率在欠发达国家高于发达国家的原因。

之后，这一论述在这里得到了重新说明。活劳动的数量（剩余价值的来源）相对于体现在生产资料中的劳动量而下降，就所雇佣的活劳动的绝对量来说，总体上是增长的，而且就剩余价值和利润量来说也是增加的，但预付资本量增长得更快，所以，在利润量增加的同时，利润率可以下降。

马克思强调指出，他的这一理论并不取决于剩余价值各种范畴（利润、利息、地租）的划分。在这一点上，他与李嘉图是不同的。李嘉图是依据地租部分的增长来说明利润率的下降的。马克思还批评了那些把利润的下降解释为竞争加剧的结果或解释为供给扩大从而引起价格下降的结果的人，因为生产价格是由成本价格加利润决定的，所以，价格是结果，而不是原因。这是射向斯密及其追随者的一支利箭。

资本周转的内容是恩格斯插入的一节。在等式$p' = s'v/C$中，v是可变资本的年流量，而C是最初预付的资本。通过减少C与v的相对值，就会减少周转时间，从而提高利润率。因为马克思认为（在第二卷），流通资本的周转时间趋于减少，这是又一个被反作用影响的因素，但马克思在第14章没有提到。另一方面，不变资本的价值的增长又会延长周转时间，从而降低利润率。

第十四章　起反作用的各种影响

解释了利润率下降的原因之后，马克思必须解释为什么利润率的下降实际上没有预期的那样快，所以，他引入了一些起相反作用的因素。

Ⅰ．日益增大的剥削强度

劳动生产率的提高趋向于提高剩余价值率（相对剩余价值）和资本的有机构成。马克思断定，就长远而言，后者处于支配地位，以至于劳动生产率的提高处于“这些阻碍利润率下降的因素中，但是最终看来，这些因素也只能是延缓利润率的下降”。（第228页）

文中多处都表达了这样一个论点，在第15章（下面）明确地写着：假如相对剩余价值继续提高到必要劳动几乎减少到零的程度，对于作为资本利润的新价值的增长来说，这几乎是微不足道的。如果活劳动对于预付资本的比率下降，利润率就要下降，因为根据假设，活劳动是利润的新价值的来源。当然，如果劳动力是廉价的，就不会刺激资本家花费不变资本来节省劳动力。

马克思还提到了工作日的延长和劳动强度的增加，这些都可以提高利润率，但是它们又都要受到内在的限制。

Ⅱ. 工资被压低到劳动力价值以下

这里提到了压低工资的做法，但没有加以深入分析，它在实践中虽然重要，但在理论上与此处无关。

Ⅲ. 不变资本各要素变得便宜

由于劳动生产率的提高，生产资料变得更加便宜，这种趋势可以抵消生产资料数量的增加，“在个别情况下，不变资本各要素的数量甚至会在不变资本的价值保持不变或甚至下降的时候增加”（第 231 页）。对马克思主义理论的一个主要的批评就集中在这一点上，即上述情况可能并不是“孤立的”，它们甚至可以说是一条规则。

Ⅳ. 相对过剩人口

生产率的提高造成工人的过剩并迫使工资下降，阻碍了生产资料代替劳动的趋势，并且也鼓励了新的劳动密集型部门的创立，从而降低了资本的平均构成。

Ⅴ. 对外贸易

对外贸易使购买比在国内生产更加便宜的生活必需品成为可能，不仅提高了剩余价值率，并且还可以买到便宜的生产资料，使资本的价值构成降低。从两方面来说，对外贸易可以提高利润率。

把资本投入对外贸易可以实现高利润率。但是，马克思对于这些利润是否可以实现高利润率，只提供了缺少说服力的论据。虽然是否可以从这里引出可靠的结论是值得怀疑的，但这段话经常引用在马克思主义者关于殖民主义和帝国主义的文章中。

Ⅵ. 股份资本的增加

有些企业例如铁路是作为股份企业（公司）组织起来的。马克思认为，这些公司只能得到较低的利润率，因为它们的股息只要和低于平均利润率的利息率保持一致就可以了。由于这些资本只取得低于平均利润的利润，所以，它们为其他资本留下了更多的利润。现代读者可能会对这个观点感到惊奇：相对而言，大公司是无利可图的。

第十五章　规律的内部矛盾的展开

Ⅰ. 概论

利润率的下降，在“促使人口过剩的同时，还促使生产过剩、危机和资本的过剩。”（第 237 页）它是资本主义进一步发展的障碍，并且为那些认为资本主义永存的经济学家们提出了一些严重问题。

李嘉图把利润率的下降解释为地租份额上升的结果。马克思的解释包括剩余价值（企业利润加上利息和地租）对资本比率的下降。所以，利润和地租二者相对于总资本的下降是完全可能的。

剩余价值（和因此获得的利润）必须通过产品的出售来实现，而实现的过程要受制于“基于分配条件的消费力，而分配关系将社会大部分消费降低到的最低限度，且变化幅度极为有限”（第 239 页）。这一点没有进一步展开论述。

Ⅱ. 生产扩大之间的冲突

资本主义生产方式趋于发展生产力，但同时，它也引起了利润率的下降、危机和现有资本的贬值，这就和它自身的有限目的和资本的自我扩张产生了冲突。

Ⅲ. 资本过剩和人口过剩

当增加资本不能从现有的劳动人口中再榨取更多的剩余价值时，

“资本的绝对生产过剩”就会出现。如果人口已经充分就业，在这种情况下，任何进一步的积累都将使对劳动力的需求超过供给，使工资提高，利润率下降。当然，资本主义积累的这个障碍对于利润率下降趋势的规律并不产生任何影响，因为它只关系到剩余价值率的变化，而与资本的构成无关。

利润的下降促使危机发生，产生剧烈争夺市场的斗争（一些著名的经济学家，如斯密把利润率的下降解释为竞争的结果；马克思把这一因果关系颠倒了过来）。价格下降，资本贬值，支付链条中断，以致使信用系统遭到破坏。可是，这一危机又为自己创造了解决问题的条件。工资下降，新的生产工具进入生产领域，提高了劳动生产率并降低了不变资本要素的价格。这个阶段为最后的扩张和生产周期的重复打下了基础。利润率下降趋势规律在这一论述中只起到极小的作用，它是在马克思著作中所发现的关于周期过程的最完整的解释之一。

Ⅳ. 补充说明

马克思用一些无关的评论结束了关于利润率下降的讨论。某些部门的发展较之其他部门慢一些，固定资本价值的增长较之生产率的提高则更慢。资本家不愿意自主采用会降低利润率的生产方法；创新者创造了较高的利润即超额利润，但由于创新被别人模仿，超额利润会由于竞争而消失（最后一句话的评论并不是说，一旦利润在新的基础上平均化，利润率将会更低；而是说创新者创造的暂时利润与一般比率的长期趋势并无关系）。

第四篇　商品资本和货币资本转化为商品经营资本和货币经营资本（商人资本）

按照马克思的观点，剩余价值以及由此产生的利润都来源于资本主义生产过程，而不是交换过程。这里，马克思要对生产中不起作用的商人资本（商品经营资本）的所得利润做出解释。这种资本形式早于资本主义产生前就已存在，因而其产生先于产业资本。一些经济学家把它看作资本的典型形式，马克思不同意这一点。

第十六章　商品经营资本

资本的循环包括生产和流通两个阶段，社会总资本的一部分总是以商品或货币形式存在于流通领域之中。商人购买物品是为了再出卖，并不从事任何生产，所以他们的资本——商品经营资本或商人资本——是流通资本的一部分。

当一个商人从产业资本家那里购买商品时，产业资本家就完成了产品的售卖，并且可以立刻把资本再转化为生产资本，而由商人接任商品售卖的职能。因此，商品经营资本是产业资本的一个特殊部分，执行特殊的职能并分离出来作为总资本的一个独立部分。这样，产业资本家需要的资本量就会减少，因为它的周转周期缩短了，并且由商人代替产业资本家来预付流通时期内所需要的资本。

流通不能产生价值（但不能把运输或其他生产性活动混淆在内），

所以，商人资本不能产生价值。但它可以通过加速流通，扩大市场，从而促进更大规模的生产来间接地促进剩余价值的产生，不过，这与解释商业利润无关。

第十七章　商业利润

商业资本并不产生价值，但它所投入的资本，也要和其他资本一样，按照一般利润率来取得利润。如果不是这样，在利润率平均化之前，商业资本会不断地转入或退出商业活动。

假设产业资本家自己从事各种商业职能，其资本的一部分将留在流通中，并在流通中花费一部分（支付售货员工资、仓库费用，等等）。在计算平均利润时，束缚在流通中的资本也必须算作总资本的一部分，并且流通费用也必须从剩余价值中扣除。显然，相对于流通费用和流通时间耗费的减少，这里的平均利润会比较低。

现在，假设商业资本担负着售卖职能，而且，商人也必须支出费用并按一般比率取得利润，这样，除了由于商人在执行其特殊职能时能够通过节约从而使商业成本降低外，并没有任何本质变化。产业资本家按照平均利润的价格出售商品，商人则按照整个生产价格来出卖。正如生产部门的工人一样，虽然他们并不产生价值，但商业部门的雇佣工人取得的工资也是由劳动力价值决定的。

一般利润率是在生产中所产生的剩余价值的平均分配，商人资本只是分享了其中的一份。当然，商业利润看起来好像来自购买和出卖价值的差额，但那只是利润分配的一种形式，而不能表明它最初是怎样产生的。

第十八章　商人资本的周转价格

危机首先是在大规模的贸易中频繁显现出来的。库存都积压在商人手里，直到银行迫使他们偿付贷款才被迫出卖，从而危机就暴露出来。

除了垄断，商人不能决定商品的出售价格和利润，而必须通过竞争由平均利润率来决定。马克思通过强调这一点来反对那种通过将利润限度额加到商品成本上来解释利润的观点。

产业资本周转时间的缩短，使一定资本可以在一定时间内生产出更多的剩余价值，从而提高平均利润率。商品资本周转时间的缩短，也就减少了社会总资本束缚在非生产性的流通中的部分，因此，它也能提高平均利润率。

第十九章　货币经营资本

正如商业资本在买和卖两个方面都执行着特殊的职能一样，管理货币的专门职能，例如外汇交易结算、妥善保管、记账保管、用于支付等都可由资本的特殊职能来代表，这种资本同样也要得到相当比例的利润。马克思把货币经营资本的作用从信用系统中分离出来。实际上，银行从事货币交易活动，即在借款和贷款中起一个中间人的作用。

第二十章　关于商人资本的历史考察

商品交换和商人资本都在资本主义生产发展之前就已存在。马克思一方面明确了简单商品交换，另一方面包括了雇佣劳动的完全的资本主义生产。在这里，他和那些把商业的增长看成是随资本主义的增长而增长的学者（包括一些马克思主义者）是不同的。

在一个完备的资本主义系统内，商业资本按照马克思已分析过的方法取得他的一份剩余价值。可是，其他的生产系统也可能生产可交易的剩余产品，而且无论什么地方，只要有贸易存在，就要有商人作为中间人起作用。在这些地区或资本主义生产不充分发展的历史阶段中，恰恰是商人资本起着支配作用。在这种情况下，贸易的利润不仅是由平均利润率决定的，而且可能包含了很大的欺诈或各种海上掠夺因素。

世界市场的发展对资本主义的出现起了根本性的作用，但是，这也只是在其他条件成熟的地方。特别是原始积累中的主要成分，是通过使劳动者和生产资料分离（看第一卷第八章）而产生无产阶级。在社会结构未发展出市场地方（马克思举了印度和中国的特殊例子），商业至多对已存在的生产方式起到一个慢慢瓦解的作用。

在资本主义发展的早期阶段，商人只控制着小生产者，但小生产制度只是向成熟的、要求资本主义生产者建立独立体系的资本主义制度发展的一个阶梯。这样，商人资本就变成产业资本的奴隶，而不是它的主人。

第五篇　利润分为利息、企业利润和生息资本

马克思关于生息资本的论述分为两部分（虽然这一划分并不是十分明确的）。首先，马克思也同意将利息列入收入范畴，但他的主要目的在于强调利息是通过利润在企业利润和利息之间的分割产生的（剩余价值也是这样），这种利息理论并不能解释利润的来源。

其次，马克思分析了信息制度和银行系统，分析了信用与货币和资本的关系及金融方面的经济危机。他的这些论述最终都停留在未完成状态。马克思的研究方法是从引用被他批评过的各种资料开始，但最后在他修改后的著作中，这些引用被删除、减少到次要地位，仅作为证据而存在。在关于信用的章节中，他的研究没有超越第一阶段，而且在某些情况下，很难说马克思引用的这些文字是表示他对这些观点的同意还是不同意。

第二十一章　生息资本

在资本主义制度中，货币可以作为预付资本来获取利润。一个拥有货币的人可以把他的货币贷出去，把它一段时间的使用权交给另外一个能够用它获取利润的人。利息就是使用一笔货币的报酬，在资本主义制度中，它的生产是因为货币具有产生利润的使用价值。

通过这一方式，贷出的货币成了资本。马克思把它称为生息资本或货币资本，“货币资本”这一术语已被用来指代资本循环中的一个暂时

阶段；货币资本转化为生产资本的形式，等等。在这里，这个词用来表达完全不同的意义，如果马克思坚持严格地使用“生息资本”这一术语，这个概念就会更清晰一些。在为了取得利息而将货币贷出时，它就从货币所有者手中消失，货币所有者就只有取得利息和要求偿还货币的权利（马克思后来用“虚拟资本”这个术语来指代这种状况）。对于借款者来说，借来的货币变成货币资本，然后又转化为生产资本。马克思经常把贷款者称为“货币资本家”。

利息是利润的一部分，由贷款的供求决定。马克思认为，没有任何其他的基本原则可以对“自然”利息率进行调节。

第二十二章　利润的分割、利息率、自然利息率

因为利息是利润的一部分，利息率的一般上限是由利润率决定的（在扣除掉监督工资之后）。最小值“是完全无法规定的”（第 351 页），所以，利息可能下降到零以上的任何水平。

如果利息和利润的关系是固定的，那么，利息率将随利润率的升降而升降，利润率趋于下降就意味着利息率也趋于下降。因为无所事事的资本家阶级财富的增长，也是因为信用制度的发展，动员了闲置的贮存货币，这两个因素都增加了生息资本的供给，从而使利息率的下降趋势更加迅猛。在生产周期内，繁荣时期的利息率一直很低，但在危机中，为满足到期支付的需要，就会出现在任意利率下对现金的需求，利率也会突然上升。关于信用制度和危机的联系，后面会用较长的篇幅再加论述。

另外，马克思又坚称没有自然利息率。利息率是由供求决定的，所以，“这种决定关系本身就是偶然和纯粹的经验结果，只有卖弄学问或逃避现实的人才会试图把这种偶然性说成必然的东西”（第 356 页）。这是马克思对供求关系最有力的驳斥之一；至于马克思所说的“偶然”

和“必然”具体所指，则是一个难以回答的问题。推测起来，就某种意义而言，没有偶然的事情，每一事物都有原因，而且马克思本人就对供求倾向作出过不同解释（见上文）。在这里，马克思必须表明他对供求的看法，而不能将其列入资本主义特点。

第二十三章　利息和企业利润

如果资本家全部用借入货币从事经营，利息将成为利润的一部分，并作为资本所有权的报酬；而剩下的利润被马克思称为企业利润，是执行生产活动的资本的报酬。即使一个用自己货币经营的资本家，他的利润仍可分为两部分，一部分是通过贷出货币取得的利息，而另一部分是作为用于生产活动的资本家的企业利润。

利润被分成两部分，但利润为什么存在这种划分，马克思却未给出解释。当然，在马克思看来，利润来源于剩余价值，因而来源于剥削。

因为企业利润是作为从事生产活动的资本家实际工作的报酬，所以，它看起来好像是一种工资，即监督工资。监督劳动具有两方面的职能。在任何制度内，工作中的协调都是必要的，但是，阶级社会的对抗性特点决定了追加监督岗位的必要性。个人可被雇佣为管理者并付给工资，在合作（归工人自己所有的）工厂中，管理者被雇佣并执行着协调的职能。

据此推测，监督工资并不能解释所有的企业利润来源。如果能够解释的话，并且按照其他熟练劳动力工资的计算方式来确定监督工资的话，就会存在一个自然利息率：利润减去监督工资。马克思在这一点上没有解释清楚。

第二十四章　资本关系在生息资本形式上的外表化

生息资本是最神秘和最富拜物教性质的资本形式。它好像具有生产更多货币的内在属性。"庸俗经济学"把生息资本作为资本的典型形式，引起了理查·普莱士博士等经济学家不切实际的幻想。根据他的计算，一先令以复利计算，在他写作的时代，在0年内也是具有价值的。

第二十五章　信用资本和虚拟资本

正如马克思在第一卷中已经简要阐述过的，商品交换通常是基于信用实现的，商品的出卖者必须同意延期付款。马克思把"汇票"当成信用的典型形式；它是一种支付字据，在马克思时代，它通常可以像货币一样转让。汇票也可以被银行"打折"后立即付给票据所有者现款（但是，支付要减去利息，少于面值，因此利息率也可以叫折扣率），并且在票据下跌时，由银行收取。

银行经营货币，也经营生息资本。此外，各种准备金和暂时闲置的货币都储存在银行，从而使小笔资金汇集到一起，成为当作资本使用的大资金。银行可掌握最少量的闲置储存，通过折扣汇票和预付（贷款）方式，把存入银行的其余货币贷出去。私人银行发行的银行票据是一种简单的银行汇票，也可以作为货币流通。马克思时代银行业的制度结构和信用制度对现代读者可能比较陌生，这一点在《导论》第4部分已有说明。

本章标题中出现的虚拟资本，事实上直到第29章才有准确的定义。这章大部分只是为了叙述的需要，摘引了多个作者的观点。

第二十六章　货币资本的积累及其对利息率的影响

随后，马克思用诺曼和奥维尔斯顿对议会问询提供证词的那种含混不清的评论形式，通过贷款的供求关系，对利息率的决定因素进行分析。主要的观点是这样的：一个资本家为了得到资本以扩大他的经营范围，可以寻求贷款；一个资本家在缺少现金的时候（通常在危机中），为了取得货币形式的资本，也要借款。这两种假定情况必须区别开，因为如果借贷者是为了扩大他们的经营范围，那么，他们就只有在利息率低于他们预期的利润率时才会借款；而“亏本借款”的利息就不受这些限制。在前一种情况下，借款直接与生产扩大相联系，在第二种情况下则不然。马克思在后面又重新讨论了这一点。诺曼和奥维尔斯顿也对那些没能区别这一点而造成的种种混乱进行了批评。

当时特别重要的另一个问题是有关跨国界货币流通的问题。歉收会导致谷物进口，从而要求由英格兰银行用储备的黄金对外支付。这样，英格兰银行就要削减贷款以补偿其贮备，造成货款供给减少，利息率上升。这种对利息率的影响因素必须与实际生产资本的再生产条件区别开来。

第二十七章　信用在资本主义生产中的作用

信用通过促进资本在不同生产部门之间的流动和缩小货币束缚在流通领域的范围来降低流通费用，这有助于利润率的平均化。

在马克思看来，股份公司的形成是他对资本主义进行分析的一个证据。资本所有权和使用权的分离，是“资本主义生产方式在资本主义生产方式本身范围内的废除，因而……是通向新的生产形式的单纯过渡点”，（第 429 页）它使资本大规模集中和生产的社会化成为可能，同时，还揭示了只是作为所有者的资本家的寄生性。恩格斯在这里加了一段，论述了资本主义股份公司的进一步发展，论述了卡特尔（联合企业）、垄断和生产过剩等等。在 20 世纪初，这些观点在希尔弗丁、布哈林和列宁的著作中得到了发展。在一段随口的评论中，马克思把工人合作社描述为新社会秩序的开端。

第二十八章　流通手段和资本：图克和富拉顿的见解

对股份公司进行简要论述之后，马克思又回到对金融制度的研究和与同代人的争论之中。他说：图克混淆了作为流通媒介的货币与货币资本及与生息资本的区别。

富拉顿对增加流通中货币的需求（繁荣时期）和对借出资本的需求（在危机时期）的区分与马克思较为接近。马克思认为，在危机中所发生的不是对借款需求的增加，而是在满足需要方面难度加大，即供给减少。这一论述重申了一般情况下，资本短缺和由商品资本实现困难而引起的货币资本短缺和现金短缺之间的区别。在危机或萧条时期，生产资本和商品资本并不短缺，问题在于商品卖不出去。

第二十九章　银行资本的组成部分

马克思接着开始论述银行资本。一旦生息资本得以完善建立，任何取得固定收入的需求都被想象为其本身就是资本。马克思把这种资本叫作虚拟资本。国债就是一个例子：货币已经借给国家并且花掉了，所以，就不再有资本的存在。假定一个债券所有者按5%利息率把100英镑借贷出去，每年得到5英镑的利息，而且认为他的100英镑债券是资本。这种债券可以根据市场的价格再出卖给另一个人。尽管证券资产代表着对现实资本利润的要求，比如铁路，但债券本身是虚拟资本，因为现实资本是由铁轨、机车头等组成的。

马克思还侧面批判了那种把劳动力当作工人拥有的资本的看法。和资本家不同，工人是为了工资不得不去工作，而不能把他的“资本”全部出卖。

银行把它的一部分资本（准确地说，是它所控制的资本）投入生息债券（虚拟资本）中，一部分以贴现汇票形式存在，一部分以现金储存形式存在。

银行储存的货币可再贷出（在马克思时代是贴息汇票），这样货币可以不断地存入和贷出，信用复杂多样的上层结构可以建立在有限的现金基础上。

零星存户经常取出和再存入，到期的贴现汇票跌价并再支付给银行，并由银行贴现新的汇票。这些交易全部互相抵偿，所以，贮备仍旧保持相对稳定。

第三十章　货币资本和现实资本 I

马克思现在转而分析一个已经讨论过的话题，即作为利息率变动的反映，可贷货币资本的充足和缺乏在什么范围内反映现实（产业）资本的充足或缺乏？如马克思所说，许多学者混淆了这两点，认为高利息率反映“资本”的缺乏，而低利息率则反映了“资本”的充足。马克思分析的重点是在产业周期过程之上的利息率运动，在他的论述中包含了许多关于周期本身的有趣话题。

第一条是明确问题所在，并给予更确切的定义。产生混淆的主要原因是大量虚拟资本、各种债券和贷出资本的其他证券财产——不是通货借贷——的存在。这里说的是通过银行结算为主要渠道的可贷资金。

从银行信用中，我们可以抽出商业信用，即通过对商品延期付款的办法由某一个产业或商业资本家为另一产业或商业资本家所提供的信用。这种信用自动地扩大而且联系着现实生产运动；在经济繁荣时期，这种信用的扩大无论如何也不能说明闲置资本的过剩。

在危机中，流通阻塞，信用动摇，售卖者变得不愿意再扩大信用，这样在债券跌落时，购买者就无力履行他们的职责。信用下降，可贷货币资本变得十分缺乏，而生产资本出现过剩，即它不能完全地起生产性作用，并被固定在大量卖不出去的商品形式上。生产资本的实际缺乏只有当粮食歉收或类似的现实再生产衰退情况下才会出现。

如果只有产业资本家或工人存在（其他阶级将在后文引入），危机只是由于部门中的不平衡或者由于生产和需要的不平衡引起的，则需求不足并不意味着实际需要的减少。“一切真正的危机最根本的原因不外乎人们的贫困和他们有限的消费”（第 472 页）。一定要把这句话和马克思在其他地方的论述，即“直接出现在危机面前的是高工资而不是低工资”的论述联系起来理解。

银行信用还可以说明这样一个问题：平稳的再生产正是危机的前夜，所以，惊人的崩溃到来只是金融衰退的结果而不是它的原因。

现在引入关于银行的论述。银行发展了信用，吸引了非生产阶级的储蓄并动员了生产资本家储存基金。在危机后的萧条中，由于再生产的收缩，银行有找不到出路的闲置可贷资本，所以，利息率很低。在复苏时期，商业信用扩展，信用高涨，利息率仍然很低，这是唯一的可贷资本过剩与现实资本的再生产扩大相一致的情况。随着扩大的继续，固定投资加速，各企业利用银行信贷扩张，风险计划出现，利息率又重新上升。

产业周期自身在不断地重复。恩格斯在这里加了个注释，即后来的帝国主义理论的展望，他描述了世界市场的扩张、垄断的增长和国家的保护关税政策。

这一章以对周期的进一步解释而结束。在繁荣时期，随着价格的上升，非生产阶级（有固定货币收入的人）的消费能力下降。但马克思是否认为这是下降趋势的一个促进因素，目前尚无定论。

危机转化为国际性的危机，这个周期是世界市场的一个现象，而不局限在哪一个国家。不过，黄金从哪一个国家外流，只是这一状况的征兆而不是原因。马克思过分强调了黄金的运动。

第三十一章　货币资本和现实资本Ⅱ

现在，马克思转向对可贷货币资本来源的研究。

Ⅰ．货币转化为贷出资本

银行业的发展节约了作为公积金的货币，动员了大量的货币贷出去。这种贷出资本供给的增长与生产资本的任何积累是完全不同的。贷出资本也必须与存在于流通中的货币区分开来；同一货币可用于贷出、交易或者存入银行之后再贷出去。

马克思评论道：危机前现实生产的最高水平是上升到新的高度的下一个繁荣时期的起点，等等。

Ⅱ．资本或收入转化为货币并再转化为贷出资本

随着金融系统的发展，贷出资本家阶级出现了。他们不断增长的财富总是表现为货币形式并且随时可以贷出。在危机中，证券资产（债券等等）的价格下跌，贷出资本家尽可能买进这些证券资产，因此，财富增长的一个部分就落到他们的手里。

积极活动的资本家的利润，像等待预付的货币与生产资本一样被积累起来，或在消费中消耗掉，这些金额也可贷出去。

第三十二章　货币资本和现实资本Ⅲ

货币资本和现实资本的论述强调了两者之间的区别。危机时期之外，长时期的高利息率意味着现实资本的高利润，但高利息率本身倾向于减少企业利润。这样，对利润有利的状况会增加对货币资本和生产资本的需求。实际投资的增长会增加对劳动力的需求和趋向于提高

工资。当然，这种高工资和高利润率之间的相互关系并不意味着高工资是高利润或高利息率的原因。

第三十三章 信用制度下的流通手段

马克思关于信用和流通的论述十分混乱。作为编辑，恩格斯尽了最大努力作了重新整理。不管怎么说，在马克思写作的时代，英格兰的支付系统正处于相当混乱的过渡状态。那时，作为支付手段的可以是硬币，可以是银行票据（由私人银行发行并可换成黄金），也可以通过资本家企业发行并由银行担保的交换债券，或者通过以支票形式转为银行储存，这已成为大规模交换支付的一般手段，马克思根本没有加以论述，而现代经济学家已经普遍把银行存款当作货币。

马克思的论述中存在许多问题，信用系统的发展和交换的改进加速了货币流通；例如，尽管随着商业规模的扩大，流通中的银行票据量实际上从 1844 年到 1857 年已有所下降。马克思认为，可转换的票据只是在交易需要的范围内才流通，超过部分都要流回到发行银行。票据流通的扩大及这一扩大同产业周期的联系是流通需要的反映。需要再次强调的是，马克思的论述适用于当时的制度结构，特别是适用于银行票据可以兑换为黄金的金融制度。

第三十四章 通货原理和 1844 年英国的银行立法

根据李嘉图（和其他人）的观点，货币价值的升降与流通中的货币量成反比，这就是“货币数量论”。通常，价格上升（货币价值下降）是由流通中的货币量过多引起的。在一个简单的开放经济中，比如英国，价格的上升将导致出口市场的丧失和黄金的外流，而且，如果采用黄金作货币来补救损失的话，又会引起货币供给的收缩。依照这种观点，当银行票据进入流通时，会造成货币供给的过度扩张，并导致危机的后果。1844 年的立法限制了苏格兰银行票据的发行，发行的限度直接与银行的黄金储存联系起来。

马克思对李嘉图观点的支持者十分不屑。在他看来，“货币学派”和“银行学派”是明显一致的（参照《导论》第 10 页至第 11 页），把票据转换为黄金的做法是为了防止过度发行的适当防护措施。产业周期性并不是由于滥发票据即相应地超过了流通中需要的票据发行量引起的。限制票据发行只能加剧危机，如果 1844 年法令在实践中没有中止，也许会发生这种情况。

第三十五章　贵金属和汇兑率

Ⅰ. 黄金贮藏的变动

国家之间黄金流动的出现是因为两种原因。首先，像任何其他商品一样，黄金也是从产出地运输到需要的地方。其次，因为黄金是国际支付手段，所以，黄金在黄金非生产国之间的流动反映了贸易的差额。这些流动都是产业周期的结果，而不是黄金本身的原因。在正常时期，黄金是按各国家货币流通的需要按照比例在不同国家之间进行分配的。

Ⅱ. 汇兑率

按照恩格斯的解释，国家通货之间的汇兑率随着国际收支差额的变化而变化，在马克思的时代，各种货币都可兑换为黄金，例如，在英国与德国的贸易中，如果英国有国际收支差额赤字，英国就要提供更多的英镑换得马克，以方便在德国的支付，而不是相反。英镑贬值到这样的程度，即它在英国得到黄金并运往德国是有利可图的。这样，汇兑率就成为国际收支差额的指数。

马克思批判了“资本的输出通常伴随着黄金的外流和利息率的提高”的观点。如果英国资本家买下了铁轨，并将其运往印度铺设铁路，收支差额的结果与将铁轨铺设在英国一样。利息率不需要提高，马克思已经说过，通过一个扩张时期，利息率仍然可以是低的。

第三十六章　资本主义以前的状态

生息资本（高利贷）和商人资本一样，先于资本主义生产，而且已经存在于许多不同的制度中，高利贷和商业对前资本主义社会具有相同的作用。

特别是高利贷者把钱贷给奢侈的地主，而使小生产者更加贫困，大笔资金就这样集中到高利贷者手中，而所付利息高至足以榨取超过生产者生活费用以上的全部剩余（因为前资本主义社会的高利息率），在以货币（地租、税赋等等）作为支付手段的地方，必然造成高利贷的蓬勃发展。

高利贷剥削使生产者贫困，但不能改变生产方式，它只能在资本主义生产的其他先决条件已经出现的地方在向资本主义转化方面起一定作用。高利贷是寄生的，因此，在前资本主义社会对高利贷者是憎恨的。现代信用制度的发展表明，生息资本是从属于资本主义生产的需要的，圣西门和其他反对利息的“社会主义者”，反对的是产业资本的利息而不是工人阶级。

银行制度把资本的所有权与使用权分离开来，并且促使资本在不同生产活动之间进行合理分配。只有在同时废除资本生产关系的情况下，它才可以成为社会主义建设的一个标杆。

第六篇　超额利润转化为地租

第三十七章　导　论

在马克思时代，地租是收入的一个主要来源，在经济理论中占有重要的地位。显然，马克思必须按照他的体系来解释地租。

一开始，马克思就强调他论及的地租是在完全的资本主义制度下，即农业包含着三个阶级：农业雇佣工人、资本主义的租地农场主和土地所有者。土地所有权是“一些人垄断一定量的土地”（第 601 页）。私有者按照自己的意志自由使用土地是资本主义时代的特点。在这里，“土地”包括农业用地、建筑用地、水源和矿山等等。马克思的主要关注点是论述用于国家所关心的主要农作物（他把这些农作物称为“谷物”）生产的农业土地。

地租是为了这些自然资源的使用而给土地所有者的报酬。给土地所有者的报酬也可以包括资本的利息（土地的改良、建筑物，等等）。但这些报酬与地租本身是有区别的。土地所有者还可以赚取属于租地农场主的平均利润的一部分，或者由压低农业工资得来的超额利润，但马克思抽象掉了这些偏离资本主义准则的因素。

在资本主义制度下，土地所有权仅仅是收入的一个来源，所以，土地价格是通过计算它所带来的地租决定的。可以用地租来解释土地价格，而不是相反。例如，利息率为 5%，土地得到 200 英镑地租，它的价格就是 4000 英镑，因为 200 英镑是 4000 英镑的 5%，任何能带来 200

英镑的财产，价格都值 4000 英镑，因为土地是可靠的，而且是人们重要的财产，所以，实际上，它可以要求相对高一些的价格，就是说，计算下来，土地的百分比可能还要低于其他财产的百分比。

一定不能把资本主义的地租同历史上较早的形式混淆起来，各种形式的地租都来自剩余劳动。但这里的问题是，在资本主义的范围内，土地所有者是怎样获得剩余价值的一部分的？

第三十八章　级差地租：概论

马克思关于级差地租的分析，是建立在李嘉图的基础上的，然而，他与李嘉图的分析是不同的。在分析中，马克思明确区分了土地的自然肥力和使土地所有者能够取得地租的社会关系的两个方面。

假如大部分工厂都使用蒸汽动力，只有少数工厂使用比较便宜的水力能，但生产价格是由费用较高的生产者决定的，所以，用水力能的生产者就可以得到超过平均利润的超额利润（参照第 10 章），而拥有水力资源的瀑布所有者就可以得到相当于这种超额利润的地租。

级差地租的产生来自两个因素的结合。第一，存在着个别生产者可以利用的自然优势，因而该地租不能计入生产价格；第二，因为资本家只有通过提供地租，才可以利用自己拥有的自然优势，即有利资源作为超额利润的来源被地租的所有者所垄断。级差地租来源于生产者之间的成本差额。瀑布的自然力是地租的基础，而不是地租的来源；地租的来源是以剩余价值形态存在的剩余劳动；土地私有权则是一个人把剩余价值的一部分掠为地租的手段。

第三十九章　级差地租的第一种形式（级差地租Ⅰ）

当相等数量的资本投入到相等面积的土地上时，由于肥力（或位置）的不同会产生不同的报酬，级差地租的第一种形式就产生了。

马克思以 A（最不肥沃）到 D（最肥沃）的四种土地为例进行研究，并且在接下来的六章中不断修改使用这一例子。如果 A 得不到平均利润，就不会被耕种，所以，最不肥沃的土地（A）的生产费用加平均利润就决定了生产价格。所有比这种“边际”的土地更肥沃的土地都可以得到地租。

对于某一特定时间的地租的分析，土地被投入使用的历史顺序是不重要的。如果只需要耕种一小块土地就可以满足对农产品的需要，那么，就会只有使用最肥沃的土地；如果土地需要量增多，价格必然会上涨，使耕种比较肥沃的土地也有利可图。马克思研究了这种情况，结论是：对农产品的需求增长时，地租也上涨，而一般利润率则下降（因为谷物进入再生产劳动力的成本，所以，谷物价格的上涨将会抬高劳动力的价格）。对农产品的需求取决于人口和生产的总体发展。

可是，李嘉图把这一逻辑上的结果看成是历史的结果，并预言：随着资本积累，地租将上升而利润将会下降。马克思强调，土地投入耕种的历史顺序取决于不同的因素，而且，随着农业生产方法的改进，不同土地的相对生产能力是能够改变的。

地租总量取决于土地总量，取决于使用的最坏土地和其他土地的差别，还取决于不同肥力的土地比例。

第四十章　级差地租的第二种形式（级差地租Ⅱ）

在分析级差地租Ⅰ时，马克思假定在相等面积的土地上投入等量资本，但与此同时，也可以在每亩肥沃的土地上投入更多的资本，以增加亩产量，获得超额利润和地租，这种超额地租即级差地租Ⅱ。在这种情况下，生产价格仍由最不肥沃（不提供地租）的土地决定。

在这里，马克思对不同土地纳入耕种和不同投资进行的顺序的论述是相当混乱的。很多19世纪的经济学家都尝试对农业作为历史的发展过程与一定时期内对于土地和投资的级差收入进行比较，但都失败了。对此，马克思虽然成功地做出了区分，但却发现避开常规的分析方法是十分困难的。

第四十一章 级差地租Ⅱ——第一种情况：生产价格不变

在本章，马克思不厌其烦地通过各种例子进行研究。在第一种情况下，在生产价格保持不变时在最不肥沃的土地上追加投资，因为产量增加必然要求需求也随之增加，以便在价格不变的情况下吸收这些产量。在增加的产量以低于生产价格的成本生产出来的条件下，地租就会增长。在这里，马克思偶然在不同于第一卷所规定的意义上使用了“生产过剩”这一术语，在这里，它是指相当于超额利润的那部分产量，因而也相当于地租。

第四十二章 级差地租Ⅱ——第二种情况：生产价格下降

产量的增加会促使价格下降，从而导致整块A类土地无人耕种，以至于现在使土地B的成本调节生产价格。价格下降的本身趋向于减少地租，而新的投资本身又趋向于增加地租，最终的结果可以是两者之一。

第四十三章 级差地租Ⅱ——第三种情况：生产价格上涨

马克思没有完成第三种情况的研究，所以，恩格斯替他写出了这一部分。由于生产价格上涨，生产能力最差的土地的产量必然下降。比如，作为土地肥力枯竭的结果就是这样（另外一种情况是，需求的上涨会使比任何已使用的土地肥力更差的土地进入耕种，但恩格斯没提到这一点）。因土地肥力的枯竭使产量下降会降低地租，而价格的上升和追加资本的投资会增加地租，所以，最终的结果是无法确定的。

这一章包括了恩格斯的一些一般评论和从马克思手稿中摘出的一些无关的碎片化论述。

第四十四章　最坏的耕地也有级差地租

如果需求增长，而又不能在现存的价格水平上有力地满足这一需求，在追加的投资都能得到平均利润前，价格必定上涨。作为这一过程的结果，最坏的耕地也可得到地租。马克思举例说，当生产价格由 3 英镑增至 $3\frac{1}{2}$ 镑时，在土地 B 上追加投资是值得的。恩格斯在这里加了一个注释，认为这时新的生产价格应该由土地 B 的新的平均费用来调节。在这一点上，可以肯定马克思是正确的，而恩格斯是错误的，因为只有在有利可图时才会产生追加投资。用现代术语表示的话，就是价格必须包括边际费用。因为马克思认为价格是由平均的而非边际的费用决定的，所以，恩格斯的错误并不奇怪。

如果追加投资在最坏的土地上，而且它还是只获得比较低的收益（以更高的成本），这就是马克思讲的第二种情况。结果就会像上面所论述的那样，价格必然上涨。看来，在论证（在这种特定的土地上）生产价格的调节者是边际费用还是平均费用这个问题时，马克思似乎是自相矛盾的。如果新的投资比第一次投资取得较多的收益，（新的、低的）平均费用必定要调节生产价格（为实现第二次投资而终止第一次投资是不可能的，所以，第一次投资的收益并非一个相称的边际量）。

第四十五章　绝对地租

在级差地租的分析中，马克思认为一部分产品无法产生超额利润（地租），但对价格有调节作用。地租并不决定价格，只有在一部分产品的成本低于成本决定价格的情况下才能产生，其结果是产生超额利润。现在，马克思认为，地租的另一个成分共同决定着价格的高低。在这里，马克思背离了李嘉图（不是斯密）所遵循的基本原理。

马克思是这样论述的：地主不会放弃任何土地即使是最坏的土地给耕种者，除非他们能够从这种放弃中取得一定的地租。但至于由什么来决定绝对地租的数量，这一点是不明确的。马克思说，由于地主之间的竞争，它“在一般的情况下……可以很小”（第 753 页）。如果许多地主都拥有最坏的地块，而几乎每个人都试图利用他的土地去得到更多的地租，同时，对每个人来说，与其完全得不到地租，还不如能够得到一些地租，所以他们又彼此竞相削价争抢生意，使绝对地租保持在较低水平。要明白马克思为什么一定要坚持绝对地租的存在则并非易事。

为了支付绝对地租并使最坏土地的耕种也能得到平均利润，谷物的生产价格必定会上涨到超过没有绝对地租时的一般价格水平。马克思提出疑问：这就是“垄断价格”吗？马克思把垄断价格定义为超过价值的价格，并认为农业资本有机构成比较低，所以，价格可以上涨而并不高于价值。但这一论点和绝对地租的原因完全无关，只是与是否把这样产生的价格叫作“垄断价格”有关。

整个分析是依据主要农作物进行的，其他作物的价格必须处于能够支付地租的水平上，则完全是由主要作物的生产状况决定的。严格地说，这只是当主要农作物所占土地的比例几乎可以忽略不计时，这种简化才是有效的。

第四十六章　建筑地段的地租：矿山地租土地价格

建筑地段地租和矿山地租的确定和农业中的地租一样的。无论在什么地方，只要是由优越的地理位置、矿藏或任何其他条件而产生的超额利润，土地所有者就会把它作为地租而占有这部分超额利润，因为这些超额利润是租用特殊地块的结果。这一点在第 38 章有关水力能的例子中已经得到说明。

垄断价格可能产生地租，也可能不产生地租。比如说，非常优质的葡萄酒只能在一部分特殊的土地上才能生产出来，由于它的稀缺性，它的价格将上涨（用马克思的术语，这也算做垄断价格），从而产生可以被转为地租的超额利润。从另一方面看，如果由于一些特殊种类的土地的特殊用处，使它能够产生超额利润，从而使这些土地的地租上涨，这些土地产品的价格也要相应地上涨。

马克思在本章结尾处重述了“土地价格是地租的资本化”这一观点。利息率的下降与（由土地的出卖引起的）改良或地租的增多都可以引起土地价格的上涨。

第四十七章　资本主义地租的产生

Ⅰ．导论

在一个完整的资本主义制度里，地租是产生在农业中超过农业资本和工业资本平均利润的超额利润。显然，这种地租在前资本主义社会是不存在的，因为那时是不存在平均利润率的。

早期经济学家把地租而非利润当作剩余价值的一般形式，重农主义者就是这样做的（和重商主义者相反，重商主义者完全忽视了生产，并从流通方面解释剩余价值)。用超过基本生活需要的剩余产品来解释剩余价值，重农主义者向前迈进了一大步。马克思没能为那些用农业的物质生产力来解释地租的学者们找到任何理由；棉纺业的物质生产力已经得到长足发展，但最终结果是棉纺织品的价值（价格）下降，而不是超额利润的增长。当物质生产力在工业中不能产生相应的超额利润时，它也就不能解释农业的地租。

Ⅱ. 劳动地租

劳动地租是封建社会和其他前资本主义社会形态的基础。马克思关于劳动地租的论述是有趣的，因为这一阐述为他对历史的解释提供了线索。

在普遍实行劳动地租的地方，直接生产者拥有生产资料并生产自己的生活资料，但却在超经济手段下被强制进行剩余劳动。例如，在地主的庄园里劳动。在亚细亚方式内，国家就是地主，并以税收形式榨取地租。劳动地租是剩余劳动的直接而明显的形式。马克思进一步说："通常是生产条件的所有者同直接生产者的直接关系……它揭示了……深藏于整个社会结构的基础，并由它……形成国家的相应特殊形式。"（第772页）

劳动地租（和其他剥削形式一样）是受产生于生活资料之上的剩余劳动的限制的。为地主劳动花费的时间一般是由习惯确定的，这是为了"社会统治阶层"用习惯和传统使他们的勒索合法化。生产的发展提高了生产力，使生产者能在留给自己的和在他们的土地上为自己工作的时间内生产出更多的产品，从而得到一部分扩大的剩余。

Ⅲ. 产品地租

劳动地租可以转化为产品地租，因此，地主宁愿获得剩余劳动产品而不再需要劳动本身。产品地租使更加合理地组织劳动者的时间成为可能，但并不能改变任何本质的东西。虽然劳动地租和实物地租在商品生产系统中可以存在，但它仍旧是以自然经济为先决条件的，即产品的生产是为了直接使用，而不是用来出售。

Ⅳ. 货币地租

生产者甚至可以出卖剩余劳动的产品，把收到的货币交纳上去，而不是交纳商品本身。在这种货币地租中，地租的基础如同前面论述的形式一样，仍然是通过超经济手段榨取农业劳动者的剩余劳动。不能把这种货币地租形式混同于资本主义地租，资本主义地租是超过一般利润率的超额利润。

地租作为剩余价值的一般形式，在货币地租形式上达到了发展的顶点，它逐步演化为完全占有地产的自耕农的地租，或者趋于资本主义农业地租和资本主义地租。一旦土地所有者与生产者之间的关系出现了简单的契约化倾向，破产农民马上就会降为无产者，而有产者则可以买下地产或者转变为资本主义的农场主。

Ⅴ. 分成制和农民的小块土地所有制

分成制是一种过渡形式，这种制度就是地主和佃农各自预付所需资本的一部分，并以双方同意的比例分享产品。

在奴隶制经济中或在这样一个制度下，庄园或资产的所有者组织生产并支付劳动耗费，全部剩余产品自然属于所有者，而没有划分利润和地租。在资本主义范围内，剩余可以叫作利润，而在早期社会，剩余则被当作地租。但不论叫什么名字，两者都没有本质差别。

另一种情况则是：农民拥有土地所有权，并不再有交纳地租的义务。在典型的（和奴隶制同时的）古代和封建主义废除后就是这种情况。在资本主义普遍还不发达的时候，市场价格还未被生产价格控制，所以，农民收入中作为地租和利润的部分是可高可低的（一般是低的)。当然，与级差地租的存在相适应，用好地生产的农民要比用差地生产的农民经营得好一些。

一个自由的有地农民阶级的存在只是一个过渡阶段：它通过农民的分化资本主义大农场的竞争、对农村的有组织劳动的破坏和对公共土地的侵占等等而逐渐被削弱。在这个阶段上，它又是导致农业人口进一步贫困、低效及文化落后的原因，并形成了“一个独立于社会之外的野蛮阶级”(第 793 页)。罗曼蒂克的农民生活从来未在马克思的笔下出现过。

大规模的资本主义农业仍然效率低下，因为它使土地枯竭，并且通过过度剥削农村劳动力造成人力资源的破坏。

第七篇　各种收入及其来源

《资本论》第三卷是围绕着剩余价值再分配的分析组织起来的。马克思已经说明剩余价值是如何转化为利润，并通过利润率的平均化而在资本之间实行再分配的。按照资本的投资比例，商人资本得到它分享的一份利润。货币贷出去之后就转化为货币资本，所以，利润又进一步被分为利息和企业利润。土地所有者以级差地租和绝对地租的形式也取得剩余价值的一部分，从而使一般利润率相应地降低。

在日常生活中，剩余价值一般是十分隐蔽的，我们所看到的只是剩余价值所分割成的各种形式。同时，劳动力的价值表现为工资，表现为“劳动的价格”（已在第一卷第6章论述过）。马克思认为，从日常生活中的一些表面现象出发而建立的经济理论必然是十分错误的理论。

第四十八章　三位一体公式

这一章是以恩格斯从马克思手稿的不同部分收集来的三个片段开始的。这三个部分本质上是同一个观点，而且概述了《资本论》本篇的全部内容。

表面看来，好像是资本赚得利润，土地赚得地租，劳动赚得工资。与这三种形式的收入相适应，存在着三种“生产要素”。这些收入类别及其来源被马克思时代的经济学家广为采用，即使在今天经济学界也仍有这种用法。如果利润可分为利息和企业利润，并把企业利润看作一种工资（管理工资），这样，利润就完全取消而由利息代替作为资本的收入。

马克思认为上述“三位一体”公式是荒谬的。资本、土地和劳动的关系同“公证人的手续费、甜菜和音乐的关系一样”。（第 794 页）当然，劳动、土地和生产资料（不是资本）是劳动过程的主要因素，但劳动过程只产生使用价值，而不产生交换价值。只有在特殊的社会关系中，劳动才创造价值。资本是一种社会关系，而不是生产中使用的物品。土地不能产生价值，并且，土地私有权只是一种特殊的、历史决定的社会关系，它使土地所有者能够取得一部分剩余价值。

马克思继续对他的分析加以总结并从对资本主义的历史作用作出全面考察。资本主义生产是一种短暂的、历史地决定的社会生产形式。生产关系的总和“就是从社会经济结构立场方面来考虑的社会”（第 798 页）。资本主义生产和再生产出它自身得以存在的物质和社会条件，并以剩余价值的形式榨取剩余劳动。

在任何社会中（包括社会主义社会），剩余价值都是必要的，可用来对扩大生产进行解释。资本主义比早期社会制度更是可取的，因为它所采用的榨取剩余价值的方法推动了生产力的发展。

和 $v+s$ 相适应，物质资料的生产过程创造了可供消费（或部分地用于积累）又不耗尽收入来源的净产品。“三位一体”公式使资本、劳动和土地看来好像是这一收入和价值的来源。它使拜物教、社会财富的物质化（土地、资本）或者社会关系的物质化发展到了顶点。

由于资本主义的一些特点掩盖了对剩余价值的榨取，使上述神秘化的解释似乎是有道理的。在资本主义制度下，劳动生产力的提高好像是资本本身带来的，竞争重新分割了剩余价值，以至于使收入看起来好像是由可得到剩余价值一份的资本的各独立部分创造的。

通过追溯剩余价值在生产中的起源，说明平均利润是剩余的再分配，地租是超过平均利润的剩余，古典政治经济学清除了这一假象（当马克思写到这里时，他一定想到了李嘉图）。可是，即使最优秀的古典政治经济学家也不能完全抛弃这一错误观念，而“庸俗经济学家”则完全倒退到对表面现象的说明上。总之，统治阶级为了自身的利益，声称他们的地位所赖以存在的收入具有存在的永恒必然性。

第四十九章　关于生产过程的分析

价值是由劳动创造的，而且可以分为必要劳动和剩余劳动。马克思重述了他在第二卷第三篇中已经论述过的关于总产品的用途的分析。

在这一章最后一段，马克思评论道：即使在推翻资本主义制度之后，“价值决定仍会在下述意义上起支配作用：劳动时间的调节和社会劳动在各类不同生产之间的分配……变得比以前更为重要”（第830页）。关于价值在资本主义以后的社会中的作用，在苏维埃共和国内一直是一个重要的争论问题。

第五十章　竞争的假象

农民所创造的全部（新）价值被分割为工资、利润和地租。这类收入不能决定所创造的价值，如果其中这一类增加了，其他两者中至少有一类必然要相应地下降。马克思举出许多假想的对立论点并加以驳斥后提出，如果不从价值出发，而是完全按照市场价格和竞争的作用来解释收入分配，这种做法必然是不合理的。

第五十一章　分配关系和生产关系

约翰·斯图亚特·穆勒认为，从一个历史时期到另一个历史时期，生产关系不变而收入的分配是可以改变的。相反，马克思认为，分配关系和生产关系如一个硬币的两个方面不能分离，资本主义的生产关系同样都是暂时的。在再生产出资本自身的同时，由商品生产和剩余价值生产所规定的资本产生出各类收入。

第五十二章　阶　级

《资本论》最后一章是对阶级所做的预测。现代社会的三大阶级是雇佣工人阶级、资本家阶级和土地所有者阶级，各种中间阶层混淆了这一划分。但资本主义的发展趋向于使这一划分更加清楚。什么是阶级？是否以特殊的收入源泉来规定？马克思没能解答这一问题，手稿就此中断了。

附录1 《资本论》前言和跋

有些前言必不可少，有些则可有可无。作者可以在前言中解释自己的写作目的和方法，前言就是对作品内容的简要介绍，或者，他其实也可以说“这是一个新版本”。马克思生前，《资本论》第一卷出版了两个德文版和一个法文译本。马克思去世后，恩格斯整理了马克思手稿的第二卷和第三卷，并且将德文第一卷两次再版，第一卷被译为英文。马克思和恩格斯为各种版本所写的前言和跋中，有些是必不可少的，有些则是可有可无的。下面介绍的只包括那些有助于介绍、解释和评论的部分。

德文第一版前言

（马克思写于1867年）

马克思首先承认，《资本论》的开篇十分难懂（尽管他声称已经在尽可能的范围内尽量使其通俗化）；他一再建议读者不要把这部分当作枝节东西而忽略。价值形式对于分析资本主义制度来说是基本的和细胞的部分。

前言的主要部分在于（向德国读者）证明，他广泛使用英国为例是正确的。英国是当时最先进的资本主义国家，预示着世界其他国家也会变成这样的国家，因为资本主义的发展规律“在于这些以铁的必然性发生作用并且正在实现的趋势”。[①] 这是一个非常有力的说明，超过了马克思平时的解释。但是，从上下文的联系看，他所说的“铁的必然

① 《马克思恩格斯全集》第23卷，第8页。

性”的规律却不甚明晰。最后，他解释道，不能把资本主义的罪恶归咎于资本家个人，在他的分析中，资本家不过是人格化的资本。

德文第二版跋

（马克思写于1873年）

通过对《资本论》在德国被接受情况的评论，马克思讨论了政治经济学的一般情况。资产阶级政治经济学把资本主义生产关系看作是自然现象，因此，它只有在阶级斗争还处于潜在状态时才能得以存在和发展（在英国直到1830年）。一旦阶级斗争公开化，站在资产阶级一边的经济学家就变成了纯粹的辩护者。马克思继续回答各种批判观点，并且（大段地）引用好评。

在“跋”的结尾，马克思评论了人们经常引用的辩证法。马克思区分了“叙述方法”和“研究方法”（参照《导论》第二部分），并且指出了他的方法与黑格尔的方法不同。在黑格尔看来，“观念”是第一位的，现实世界则是第二位的；而马克思认为，“观念”不过是物质世界在人们头脑中的反映。黑格尔的辩证法是“首尾颠倒的”；马克思声称，应当回到其正确的一面，找到其“神秘外壳下的合理的内核”①。对辩证法的讨论必须与《政治经济学批判》导论中“政治经济学的方法”一节联系起来阅读。（附录3）

英文版前言

（恩格斯写于1886年）

在讨论过翻译情况后恩格斯强调，任何学科都需要合适的技术术语，马克思主义政治经济学尤其如此。他解释道，马克思使用引文的目的，是为了承认前人的重要观点，他接着评论了当时的情况，指出那是经济延缓衰退的时期。最后他指出，马克思认为：“至少在欧洲，英国是唯一可以完全通过和平合法的手段来实现不可避免的社会革命的国

---

① 《马克思恩格斯全集》第23卷，第24页。

家”，尽管“他并不指望英国的统治阶级会屈服”。[①]

第二卷前言

（恩格斯写于 1885 年）

恩格斯作为编辑，在开篇解释了他如何从手稿中整理出这一卷。随后，他回答了对马克思剽窃洛贝尔图斯的指责，指出洛贝尔图斯的剩余价值观点并不比亚当·斯密和英国的社会主义者更进步。按照恩格斯的观点，马克思的创见并不在于预言剩余价值的存在，这已经是人尽皆知，而在于他建立的解释剩余价值的理论结构以及为此所做的大量工作。最后，针对洛贝尔图斯的支持者提出的通过劳动价值论与平均利润率的一致性解决“转型问题”的挑战，恩格斯指出，马克思已经在《资本论》第三卷中已经解决了，只是当时尚未出版而已。

第三卷前言

（恩格斯写于 1894 年）

马克思遗留下的第三卷内容是十分混乱的，恩格斯就从讨论他所面对的整理和出版问题开始。前言的其余部分论述了恩格斯在第二卷前言中对挑战的回应。他对各种应战解释都不满意，虽然一个没有偏见的旁观者会认为某些人（至少施米特和法尔曼）已经发现了主要观点。恩格斯拒不考虑他们的非马克思主义解释，尽管他们没有任何本质的错误。

① 《马克思恩格斯全集》第 23 卷，第 37 页。

附录2 《共产党宣言》

《共产党宣言》是马克思和恩格斯代表共产主义者同盟于1847年写作的（由马克思执笔）。开篇的预言（“一个幽灵，共产主义的幽灵在欧洲徘徊。”）在当时似乎有点夸张，因为共产主义者同盟只有少数追随者。

1. 资产者和无产者

《宣言》第一节的标题为“资产者和无产者”，这一节本身就是一篇完整的论文，是一篇文学杰作，也是马克思对资本主义观念的最优秀的简要说明。它是由两个互相对应的部分组成的，第一部分似乎是在歌颂资产阶级的崛起及其取得的成就，第二部分则是强调资本主义制度的罪恶，并且论证了资本主义发展所造就的无产阶级是消灭这个制度的力量。

马克思没有对这些历史唯物主义思想做出归纳，但却明确阐述了他所叙述的资本主义历史观点。资产阶级的上升描绘出一幅进步的生产方式的发展（机器制造业、现代工业）以及与其相应的政治组织发展（独立的城市公共设施、绝对的君主政体、现代代议制）的图画。资本主义制度已经遍布整个世界，它摧毁了整个固定的僧侣等级制和传统偏见，打开了封闭的社会。“除非使生产工具、生产关系及全部社会关系革命化，否则资产阶级就不能生存下去。”①

封建主义的残余已被扫除干净，因为在封建社会内部已经不能继续

① 《马克思恩格斯选集》第1卷，第254页。

容纳生产力的发展了。封建的财产关系“必须被打破，而且果然被打破了”。① 资本主义制度将经历同样的命运，资本主义制度的不适应已经通过反复出现的经济危机表现出来了。

资本主义的发展必然伴随着无产阶级的发展，这个阶级将推翻资本主义制度。无产阶级在不断壮大，中间阶级随着丧失其独立地位也将被吸收到无产阶级的队伍中来。工人的境况愈益恶化，现代工业打破了个人技术的小天地，并使其从属于机器的节奏和工厂纪律的束缚。随着个人技术被打破，工资降低了。

起初工人分散到许多小作坊，但在大工业区，他们都被集中在大工厂中。工会为提高工资和缩短工时而斗争；它们的经济果实虽然不断受挫折，但它们的实际果实却使工人阶级自身组织得以壮大。资产阶级为了建立自身的统治，不得不与工人结成联盟，这就给他们上了政治教育的第一课。随着两极分化的加剧，旧社会的瓦解已经过去，资产阶级中的一部分转向了无产阶级，他们中的一些知识分子，“特别是已经从理论上认识整个历史运动这一水平的一部分资产阶级思想家，转到无产阶级方面来了”。②

以前的历史运动是少数人的运动，而无产阶级运动是一个势不可挡的大多数人的运动。无产阶级不摧毁资本主义制度的根根叶叶，就不能使自身获得解放，虽然他必须首先打倒本国的资产阶级。“资产阶级……生产的是它自身的掘墓人。资产阶级的灭亡和无产阶级的胜利是同样不可避免的。”③

2. *无产者和共产党人*

第二节阐述的是共产党的政治纲领。它与上一节所阐述的共产党代表着现实历史运动中产生的无产阶级的一般利益的思想是联系在一

① 《马克思恩格斯选集》第1卷，第256页。
② 《马克思恩格斯选集》第1卷，第261页。
③ 《马克思恩格斯选集》第1卷，第263页。

起的。

共产党人纲领的基本点是消灭发达的私有制形式——资产阶级所有制。这不是一个剥夺农民和通过艰苦劳动获得成果的手工业者的问题，那是资本主义制度的所作所为。资本是一种社会产品，理应归社会所有；共产党人的所要得到的唯一“自由”，就是资产阶级从其他劳动者那里夺走的自由。

共产党人被指责要破坏家庭，但是资产阶级家庭其实只是一种纯粹的财产关系。共产党人被指责要废除国家，但工人阶级没有祖国。民族的差异通过世界市场的发展就可以解决。无产阶级的胜利会加快这一步伐，并且结束一个国家对另一个国家的剥削。

所有这一切怎样才能取得成功呢？首先是政权的统治和无产阶级（大多数）作为统治阶级的建立。然后，无产阶级将（逐步）把生产资料的所有权掌握在国家手中。一些比较迫切的需要被保留了下来，其中包括那些不太革命的，比如累进税。

一旦阶级对抗消除，公共权力将失去它的政治特征，并且丧失一个阶级压迫另一个阶级的工具的职能。社会将建成为“每个人的自由发展是一切人的自由发展的条件”① 的社会。

3. *社会主义的和共产主义的文献*

1847 年对“社会主义”或“共产主义”的含义没有统一的认识，各种思潮都被简单地称为“社会主义”，只要它们在某些方面与资本主义制度和僧侣集团相对立。所以，马克思和恩格斯认为有必要统一这个概念，并对各种“社会主义”进行批判。

各种形式上存在的“反动的”社会主义（“封建的”“小资产阶级”的和“德国式的”），代表着被资本主义的进步所吓倒的阶级的利益，他们的愿望是重新创造过去的条件。“保守的”或“资产阶级的”

① 《马克思恩格斯选集》第 1 卷，第 273 页。

社会主义代表着没有冲突的资本主义这一无意义的愿望，希望存在一个没有无产阶级的资产阶级，这是不可能的。

“批判的”或“空想的”社会主义，产生于无产阶级还处于自发状态并且不能代表自己进行任何行动的条件下。由于工人不被看作是历史的创造者，而是看作历史的牺牲品，空想社会主义者走上了为重建社会而制定乌托邦式的方案的道路上。随着无产阶级的发展和放弃这些方案，空想社会主义者转向了无产阶级的对立面，成了反动派。

4. 共产党人对各种反对党派的态度

共产党人支持所有的革命运动，联合一切民主党派，并且把“所有制问题”放在首位。《宣言》以至今仍然很著名的口号结束：无产阶级“失去的只是锁链，他们获得的将是整个世界。”“全世界无产者，联合起来！”①

① 《马克思恩格斯选集》第1卷，第285－286页。

附录3 《政治经济学批判》前言和导论

前 言

马克思在对他准备出版的著作的题目做了简单介绍后，提到了他已经起草但又删去了的导论；马克思又以知识分子自传的形式叙述了自己的情况。他用一小部分篇幅介绍了自己早期的新闻工作生涯，用了很大篇幅概述了他进行研究的“指导思想”。这段前言中的叙述是非常著名的，虽然很短，但却是历史唯物主义基本思想的最好表述。这段话虽然不能被恰当地释义或总结，但必须仔细阅读。

首先，马克思定义了社会经济结构，它是与物质生产力一定发展阶段相适应的生产关系。这些生产关系是“有法律的和政治的上层建筑树立其上并有一定的社会意识形态与之相适应的现实基础。”①

其次，马克思对变化过程做了描述。在一定阶段上，物质生产力便同“现存生产关系……发生矛盾……那时，社会革命的时代就到来了。”② 生产关系的变革最终会导致上层建筑的变革。参加革命的那些革命者可能并不了解他们在做什么，革命的参加者也不应当按照自己的理想去判断这个时期。

社会的演进经过了不同的阶段：亚细亚社会、古代社会、封建社会和“现代资产阶级社会”（资本家）；后面的阶段都是“对抗性的”（阶级分化的）生产方式。“人类社会的史前时期就这样结束了”。前言的其余部分是对马克思政治经济学研究生涯的简单介绍。

---

① 《马克思恩格斯选集》第2卷，第82、83页。

② 《马克思恩格斯选集》第2卷，第82、83页。

导　论

“导论”的地位是难以确定的，它写于 1857 年，完成于《大纲》之前。马克思在前言中说已经起草但又压下的总导论，是因为预期的结果还未出现。《资本论》出版后，便不再做原来的坚持了，但仍然不清楚马克思是否准备对它进行修改后出版。马克思亲自选定不准备出版的手稿总是精心对待的。

手稿于 1903 年发现并出版。由于从那时起常常把《大纲》也编辑在内，所以有时题目叫作《导论》，有时则用其他题目，比如《生产、消费、分配、交换》。自从《大纲》出版以来，《导论》也被当作这部著作的一个部分。

1. 生产

马克思运用排除法，从一个孤立的个人出发开始分析；生产总是社会的生产。自给自足的个人观是社会发展，是原始公社解体，是商品生产产生的自身产物。诚然，各个社会都存在一些共同的生产特征，这些特征确实可以继承下来以避免不必要的重复，但是，它们在不同的社会却有不同的形式。

论证“一般生产”的资产阶级经济学家，总是通过这种方式来偷换概念，以证明资本主义生产方式的永恒性。例如，所有制包括生产资料占有和产品的分配，就是永恒的，但是私有制却不是永恒的。保持所有制的法律条文是永恒的，但是资产阶级的法律却不是永恒的，每一种生产方式都会产生一系列与其相适应的法律关系。

2. 生产与分配、交换、消费的一般关系

马克思继续研究“一般生产”，他热心于不高明地模仿黑格尔的逻辑，（例如）用“对立统一”来举例论证生产和消费，它们在某种意义上是对立的，但又是互为条件的。

马克思认为，“分配”意味着产品到个人手中的分摊与支配，而“交换”，则是指个人得到他们各自消费品的过程。例如，资本主义制度下，总收入支付在工资、利润等货币形式上（分配），收入所得者再用货币购买需用品（交换）。消费包括各种生产品的耗费，即“生产消费”（物质资料、燃料等的使用）。生产是直接的，不需要定义。

生产和消费互相决定；没有生产，就没有消费，但生产不受消费制约，它将失去目标。“消费者”的需要决定着生产，但生产也决定着消费者的需要。分配和交换则处于生产和消费之间。

分配的形式取决于生产的组织；工资在资本主义制度下只能以雇佣劳动的形式支付。“分配的结构完全决定于生产的结构。”① 马克思论证了征服问题，因为它好像是从外部强加的生产和分配方式的一种情况，他指出，分配仍然是征服民族和被征服民族的生产方式的结果。

交换也要受到生产支配。最终消费品的交换要受分工范围的制约以及生产发展水平等的制约。生产资料的交换直接受生产结构的制约。

马克思总结道，生产、分配、交换和消费是同一事物中内在联系着的四个因素，生产方式是其他几个要素及各要素之间关系的决定因素。

3. 政治经济学的方法

本节所讨论的政治经济学的方法应当与德文《资本论》第二版跋中论述的方法联系起来阅读（参照附录1）。

马克思论述道，科学的政治经济学必须由两个阶段组成，即首先从具体到抽象，然后再从抽象到具体。以人口为例。简单地从一个国家的人口开始进行分析是无济于事的。对人口做进一步的分析，例如上升到阶级，就需要恰当的概念（工人阶级，从而雇佣劳动和资本等等）。因

① 《马克思恩格斯选集》第2卷，第98页。

此，第一阶段是从混沌的具体到简单的具体的运动，抽象出一些概念来。与此相应的，就是《资本论》跋中所说的“研究方法”。给出一些恰当的概念，具体才能再现为“一个具有许多规定和关系的丰富的总体”，这就是“叙述方法”。具体是现实的出发点，但它又是作为结果而出现的。

黑格尔错误地认为，现实世界是由抽象的思维概念组成的，相反，抽象的概念只是思维的产物。思维并不能影响世界，除非我们作用于它并改造它。

简单的范畴历史地存在于理论上再现的现实的复杂形式之前吗？（黑格尔就是这样认为的）马克思回答道，在某些情况下是如此，但在另一些情况下却不是如此。例如，货币存在于更复杂的形式比如产业资本以前（《大纲》包括关于“货币”和“资本”的两章），但另一方面，复杂的社会分工又可能出现在没有货币的情况下（像哥伦布以前的秘鲁）。作为财富和价值来源的一般劳动即抽象劳动的概念（参照《资本论》第1章），是由亚当·斯密引入的，但不能简单地认为这种一般形式直到一定发展阶段上的资本主义生产产生后才存在。现实历史在抽象概念中只是近似地反映出来的。

分析和再现不同概念的次序不能在没有考虑具体历史的情况下做一般安排。在每个社会中，生产的特殊类别或形式都决定并支配着其他类别或形式的地位。这一点必须当作出发点。在农业社会中，甚至在机器制造业中财产形式都具有“土地所有制”的特征；而在现代资产阶级社会，农业只是工业的一个分支，分析的出发点必须是资本。概念的次序必须取决于现代社会结构，而不是它们在历史上出现过的次序（所以，原始积累要放在《资本论》第一卷的末尾，放在讨论过完全的资本主义的形成之后）。

4. 生产

最后一节显然没有完成，它从马克思为自己列出一些要点，一些要从进一步讨论的要点开始，结尾好像有点不协调，是讨论希腊艺术，或者说讨论这样一个问题：产生于与今天有很大差异的希腊社会的艺术，为什么仍然能够给人以享受？

《资本论》术语汇编

马克思的概念体系是一个有机整体。一般说来，他的术语只能按照整个概念和理论体系来下定义，所以，以下术语条目仅仅是方便记忆。更完整的讨论则要参照《资本论》的相关部分以及本书中的相应评注。

相互参照的术语限制到了最小量，因为马克思的全部术语最终几乎都涉及其他术语；应当避免尝试任何使术语完全互相参照。马克思的许多概念都是对一些主要概念细分后得来的；它们排列在主要概念之下，例如，“不变资本”排列在“资本”之下。

括弧中的参考出处，是指介绍的概念在《资本论》中所涉及的卷、篇、章和节。

1. 积累①：

资本积累：参照“扩大再生产”的定义。

原始积累：资本（主义）形成的历史过程（第一卷第八篇）。

2. 汇票：马克思时代广泛使用的信用工具；参照《导论》第四部分。

3. 资产阶级：资本家阶级，资本所有者。

4. 资本：用于生产剩余价值的私有财产或价值；标准形式是产业资本，但是其特殊形式和古老形式包括的范围很广泛；参照以下详细术语。(第一卷第二篇和第三卷)

① 作者在这里对《资本论》术语的编排次序，不是按照《资本论》的内容，而是按照英文字母顺序进行的。例如，第一个是“积累”(accumulation)，最后一个是“工资”(wage)。——译者注

资本积累：参照“扩大再生产”的定义。

资本增值：为生产剩余价值货币资本到商品的转化。

资本循环：（产业）资本为生产剩余价值所进行的循环运动或过程；货币资本首先转化为生产资本（劳动力和生产资料的购买），然后再转化为包含剩余价值的商品资本（生产过程），最后转化为增值了的货币资本（实现过程，即商品的售卖）以便重新开始；这个过程也可以从这些阶段的任何一个阶段开始。（第一卷第 4 章和第二卷第一篇）

流动资本：一次生产周期中所耗费的部分生产资本。（第二卷第 8 章）

商业资本：参照“商人资本”的定义。

商品资本：资本循环的一个阶段，包含剩余价值的待售商品（第二卷第 1 章第 3 节）。

资本构成：在生产资本中反映出的生产资料对劳动（力）的比率，马克思规定了三种形式：①资本的技术构成，指物质的生产资料部分对活劳动部分的比率，不能用数量表示；②资本的价值构成，指生产资料价值对雇佣劳动力价值的比率，从而是不变资本对可变资本的比率 c/v；③资本的有机构成，是指在反映价值构成变化即技术构成的加权价值指数范围内的价值构成。（第一卷第 25 章第 1 节）

不变资本：由生产资料构成的部分生产资本。（第一卷第 8 章）

虚拟资本：单个资本家把货币作为生息资本贷出去从而得到利息的资本化权利。广义地说，还包括对未来利息收入的其他权利。（第三卷第 29 章）

固定资本：用在超出一个生产周期例如厂房、机器等上面的部分生产资本。（第二卷第 8 章）

产业资本：经过全部资本循环生产使用价值和剩余价值的资本；全部剩余价值都是由产业资本生产的，尽管一些产业资本包括其他的要求

（例如租金），而另外一些则包括具有特殊职能的特殊资本（例如商人资本）；在第一卷和第二卷，产业资本往往只叫作“资本”，因为一直到第三卷之前都没有区分其他的形式。

生息资本：为了未来利息收入而贷出去的货币，一般是贷给产业资本，这种资本被转化为产业资本，其所有者只停留在虚拟资本形式上。（第三卷第五篇）

商人资本：也叫商业资本，是具有买卖职能的资本的特殊部分；产生于早期资本主义阶段，也可以经营非资本主义生产者的产品。（第三卷第 4 篇）

货币资本：资本循环的一个阶段上只被转化为生产资本（或者通过商人的商品资本）的货币资本的货币，除了在第三卷第五篇涉及作为货币资本的贷出资金（生息资本）。（第二卷第 1 章第 1 节）

货币经营资本：专门发挥诸如货币转移的技术职能，并且参与剩余价值分割的资本部分。（第三卷第 19 章）

生产资本：处在资本循环的一个阶段上，被分割为：（a）可变资本和不变资本（分别为劳动力和生产资料）；（b）流动资本和固定资本（分别为一个周期中用掉的资本和延长到几个生产周期中的资本）；可变资本完全包括在流动资本之中，不变资本则分为固定资本和流动的不变资本。（第二卷第 1 章）

资本周转：指个别资本经过全部资本循环的过程；资本的周转时间是指经过全部循环过程的时间，可以分为生产时间和流动时间；固定资本的周转慢于流动资本的周转，所以整个资本的周转是一个平均数。（第二卷第二篇）

高利贷资本：生息资本的古代形式，是前资本主义社会放贷货币者的资本。（第三卷第 36 章）

资本的限制价格：用于生产剩余价值过程的某些注释中的术语。

可变资本：生产资本的一部分，即购买劳动力使资本增值的部分。

（第一卷第 8 章）

5. 资本主义：以资本和工资劳动之间的关系为基础的生产方式；马克思并未使用这个术语，这个术语是作为一般性的使用出现的（马克思使用的是“资本主义生产方式”“生产的现代资产阶级方式”等等）。

6. 资本家：资本所有者。

7. 资本的流通领域：也叫作交换领域，是用于交换即作为与生产相对立的商品买卖的一般术语。（第一卷第一篇）

8. 市民社会：黑格尔经常使用并且马克思也偶尔使用的术语，与个人之间的经济关系和契约关系有关；整个制度可分为国家和市民社会。

9. 阶级：一部分在生产中与另一个阶级有关的有共同地位的人，例如，资本家阶级和工人阶级；这个术语的严格定义和使用是一个有争议的话题。

10. 商品：市场上购买和售卖的东西。（第一卷第 1 章）

商品生产：为了售卖进行的生产；简单商品生产（也叫小生产方式），是由拥有自己的生产资料的独立生产者进行的非资本主义商品生产。

11. 消费：使用价值的耗费，包括个人消费和生产消费（生产资料和劳动力在生产活动中的耗费）。

12. 协作：个人之间的协调活动，是个人在劳动过程中承担相同的任务并且不需要很多专业技能的形式（早于工场手工业）。（第一卷第 13 章）

13. 信用：可以延期支付的商品售卖，常常通过发行汇票来进行。（第三卷第五篇）

14. 危机：可以在一般意义上（在各种批评场合）使用的术语；更加专门的则是指周期性危机，或者指产业周期的一个阶段上价格下降、滞销商品的股票下跌、生产和就业中断、大批倒闭、金融恐慌使利率上升到极高的水平。

15. 贴现率：在贴现汇票即在到期前出售票据以便相应地降低货币数额时使用的利率。

16. 经济学与政治经济学：资产阶级经济学家是指把资本主义看作自然现象的经济学家（他们自己可以不必是资产阶级的成员）；古典经济学和古典政治经济学来自斯密、李嘉图等人的学说，大约在 1770 年至 1830 年间；庸俗经济学是马克思对 19 世纪中期资产阶级经济学的一个术语。（参照《导论》第二部分）

17. 资本的交换领域：参照资本的流通领域。

18. 拜物教：对社会关系与社会财产的一种观念，似乎它们是物质财产。（第一卷第 1 章第 4 节）

19. 历史唯物主义：马克思对历史的解释方法，参照《导论》第一部分。

20. 贮藏职能：即不主动使用任何货币量：可以由资本家作为储备金来掌握，或者由其他人为了各种理由来掌握。

21. 工业：

家庭工业：在生产者家庭内进行的生产，可以是为了供自己所用，也可以是为了出售，或者处在资本家的支配下。

现代工业：通过机器进行的生产，超过资本主义劳动过程发展的家庭手工业阶级。（第一卷第 15 章）

22. 产业：

产业周期：高涨、危机、萧条、复苏的次序，在马克思时代一般是 7 年到 10 年一次。

产业后备军：参照“劳动后备军”的定义。

23. 利息：对货款支付的报酬，用（百分数）利息来表示；利息率由对货款的需求和供给决定；利润可以分割利息和企业利润；利息率除了在危机时以外，一般低于利润率。（第三卷第五篇）

24. 劳动：有目的的人类活动，对于任何社会制度下的使用价值生产都是必需的，在商品生产制度下还生产价值。（第一卷和第三卷全部）

抽象劳动：在不考虑使用价值生产的一般意义上，人类时间与努力的耗费是价值的实体。（第一卷第1章）

分工：完成协作任务的各生产者之间的互相依赖关系；社会分工包括独立的各个商品生产者在市场压力下的互相协作；具体分工或者工场分工则包括在单个商品的生产中各自完成一个专门阶段的工人们在一个雇主指挥下的互相协作。（第一卷第14章）

劳动手段：工具、设备等等。（第一卷第7章）

必要劳动：为再生产劳动力价值所需要的劳动时间，在资本主义制度下是工作日的一部分，余下的部分是剩余劳动，不可与“社会必要劳动”混淆。（第一卷第9章）

劳动力：进行劳动或工作的能力；资本家购买劳动力，是为了榨取实际的劳动（即“劳动力的使用价值”）（第一卷第6章）；劳动力的价格是指工资（第一卷第六篇）；劳动力的价值，参照后面的价值部分。

劳动过程：即使用价值的生产过程；劳动借用劳动手段（工具等等）来加工劳动对象（物质资料等等）；劳动对象和劳动手段（生产资料）最终都来自自然界（所以人们通过劳动去改造自然），并且往往是更早的劳动过程的结果的。（第一卷第7章）

生产劳动：一般意义上的生产劳动也叫有用劳动，是生产使用价值的劳动（第一卷第1章第2节）；如果劳动是生产剩余价值的劳动，那么，它只对资本来说是生产的；耗费在商业活动上的劳动在两种意义上都不是生产的。（第一卷第16章）

劳动后备军：也叫相对过剩人口或产业后备军，是指失业的工人或者为了就业进行竞争并且使工资被降低的就业不足的工人；这部分失业人口随着机器化和危机而不断得到补充；马克思把他们分为不同的部分：流动的后备军由目前的失业产业工人组成；潜在的后备军由将要转移或者可以转移到产业中心的农业就业不足工人组成；停滞的后备军由就业不规则的、低报酬的临时工或季节工组成。(第一卷第 25 章)

社会必要劳动：在平均的或正常的条件下生产个别商品所需要的劳动时间，是决定价值的劳动时间。(第一卷第 1 章和第三卷第 10 章)

劳动对象：劳动所改造的和加工的物质资料。(第一卷第 7 章)

剩余劳动：使剥削阶级和非劳动者发财致富的劳动，剩余劳动存在于所有的阶级社会中，在资本主义雇佣劳动制度下，采取剩余价值的形式。(第一卷第 9 章)

雇佣劳动：资本家购买劳动力并且榨取剩余价值的制度；雇佣劳动意味着资本的存在，反之亦然；非生产的雇佣劳动者不生产价值或剩余价值，但创造剩余劳动。(第 1 卷第 6－9 章和整个三卷)

25. 劳动者：指工人，在马克思的用语中包括各种熟练程度的工人。

联合劳动者：结合在一起生产使用价值的工人，包括那些并非个别地生产同一使用价值或单一商品但其努力具有最终必要性的工人，特别是具体分工的参与者。(第 1 卷第 14 章)

具体劳动者：即具体分工的参与者。(第一卷第 14 章)

工资劳动者：资本主义工资劳动制度下的工人。(第一卷第 6 章)

26. 地产：矿山、渔场等的所有权；所有者得到地租，在资本主义制度下所有者得到“资本主义地租”，它不同于一些早期的形式，比如封建制度下的“徭役地租”。(第三卷第 37 章)

27. 工场手工业：使用手工方法进行的生产，但有具体分工，处在简单协作之后的现代工业之前，在英国伴随着商人资本的统治，大约在 1550 年到 1770 年处于统治地位。(第一卷第 14 章)

28. 重商业主者：16 到 18 世纪的经济学家，参照《导论》第二部分。

29. 货币：马克思假定一个生产出来的商品（一般是黄金）被当作货币，那么货币就具有了其自身权利，而其他商品的价值就以充当一般等价物的货币（黄金）的数量来表示（第一卷第 1 章第 3 节）；货币商品的标准重量可以用特定的名称（英镑、美元）来规定并且当作价格标准（第一卷第 3 章第 1 节）；产品是通过货币进行交换的，而不是直接的物物交换，所以货币就被当作流通媒介物（第一卷第 3 章第 2 节），金属货币的象征物或替代物（辅币、纸币）也可以用作这个目的；在用货币直接交换商品时，它被作为购买手段，而用作结算账务时则被作为支付手段（第一卷第 3 章第 3 节）；货币也可以贮藏起来；在发达的信用制度下，不同的信用工具可以代替货币而流通，称为信用货币（第三卷第 33 章）。

30. 自然经济：商品生产的对立面，是为了直接使用而不是为了出售进行生产的制度。

31. 重农主义者：18 世纪法国经济学派，参照《导论》第二部分。

32. 人口：相对过剩人口，参照“劳动后备军”的定义。

33. 价格：对一个商品实际支付的货币，不可与价值混同。

成本价格：用于生产一个商品的生产资料和劳动力的价值或价格：成本价格小于价值，因为它不包括剩余价值。（第三卷第 1 章）

生产价格：产生预付资本平均（一般）利润率所要求的价格；价格通过利润率的平均化形成生产价格。（不是价值）

34. 生产：

生产力：人类支配自然的程度，是关于物质生产发展水平的一般术语。

生产资料：除去日常劳动之外的生产的物质前提条件，由劳动对象和劳动手段组成。（第一卷第 7 章）

生产方式：马克思使用这个术语有一般含义（a）是指组织并进行生产的方式；和更加专门的含义（b）是指：由特定社会生产关系规定

的经济组织的基本形式和阶段，制约着特殊的阶级，并且与生产力的一定发展水平相联系。标志不同历史时期的连续的统治方式是：（1）原始公社的方式（无产阶级，生产水平低下）；（2）古代的方式（希腊及罗马奴隶制度）；（3）封建主义制度（地主通过徭役地租剥削农奴）；（4）资本主义制度（资本和工资劳动）；（5）未来无产阶级的方式（“自由人联合体”），马克思没有对此过多描述；还有两种不在主要次序中的方式：（6）简单商品生产（拥有自己的生产资料的独立生产者）；（7）亚细亚方式（受租税盘剥的村社生产者）。

社会生产关系：产品的占用、生产资料的占有和所有关系，从而是剥削关系；每一种生产方式都有社会生产关系的特有形式，资本主义社会关系与资本和雇佣劳动相联系。

生产领域：在商品生产制度下可以通过流通领域来区分。（第一卷第6章）

35. 利润：资本所有者得到的（作为与地租相对立的）剩余价值的一部分。（第三卷第一篇和第七篇）

企业利润：经营资本家在扣除实际的或者名义的利息之后得到的那部分利润。（第三卷第23章）

利润率：作为预付资本比率（或百分比）的利润；竞争导致利润率的平均化，如果价格与价值成比例，一般利润率的形成将始终与平均利润率相等（按照马克思的观点）。（第三卷第一至第三篇）

超额利润：由低成本生产者得到的在一般利润率之上的利润，也可以由土地所有者作为地租获得。（第三卷第10章）

36. 无产阶级：即工人阶级，无财产的工资劳动者阶级。

37. 实现：资本循环和资本再生产的一个阶级，即包含剩余价值的售卖。

38. 租金：也叫地租，是地产所有者的收入；在发达资本主义制度中，地租是剩余价值的一部分（其余部分是利润），也是农业（和其他使用土地的活动）中超额利润的转化形式；资本主义地租可以分为级差地租，它存在于地力极差的土地之外的各种土地上。必须把资本主义地租和早期的地租形式区别清楚，在古代封建制度下，全部剩余劳动都被作为地租而榨取（不像资本主义制度下只是作为一部分），要么是作为徭役地租（在土地所有者土地上的无酬劳动），要么是作为实物地租或货币地租（徭役地租的转化形式）。在亚细亚方式下，徭役地租被国家作为租税而榨取。（第三卷第六篇）

39. 再生产：通过不断地重新生产出生产的物质条件（生产资料和劳动力）和社会生产关系（所有制关系和阶级关系），使经济和社会制度得以维护；在资本主义制度下，还包括资本的再生产。（第一卷第七篇和第二卷第一和第三篇）

扩大再生产：也叫作资本积累，是规模扩大的再生产，即用剩余价值的一部分追加到资本中，去购买追加的生产资料和劳动力，从而扩大生产的规模。（第一卷一第七篇和第二卷第一和第三篇）

简单再生产：即与扩大再生产相对的规模不变的再生产。（第一卷第 25 章和第二卷第 17 和第 20 章）

40. 转型问题：即价值到生产价格的转化问题，是马克思自己要做的按照价值解释生产价格以及按照剩余价值解释一般利润率的工作。（第三卷第二篇）

41. 价值：商品具有满足需要能力的使用价值和可以交换其他东西的性能的交换价值；使用价值是交换价值的前提条件，但不决定它的量；商品的价值（必然）是再生产它所需要的社会必要劳动时间决定的，在这个意义上，价值是交换价值的基础并且间接决定着交换价值（价格）；马克思在第一和第二卷假定价格与价值成比例，在第三卷第二篇做了一些简单的修改：价值由某些其他商品，一般是货币商品即一般等价物的价值来表现。（第一卷第一篇）

绝对剩余价值：通过延长工作日使剩余价值（率）发生变化（参

照相对剩余价值）。（第一卷第三篇以及第一卷第 12 章的定义）

年剩余价值率：即预付可变资本除以年平均剩余价值，等于年平均周转量乘以剩余价值率。（第二卷第 16 章第 1 节）

交换价值：可以交换其他商品的性能，价格是交换价值的货币表现。（第一卷第一篇）

劳动力价值：即再生产劳动力的社会必要劳动时间，等于维持工人的工作能力以及生产后代（子女）所需要的商品的价值，包含着“历史和道德的因素。”（第一卷第 6 章）

剩余价值率：也叫剥削率，即预付可变资本除以平均周转的剩余价值，等于必要劳动除于剩余劳动，或者用通常的表示法 s/v。（第一卷第 9 章）

相对剩余价值：由提高生产率引起的剩余价值（率）的变化；提高生产率降低工人消费的商品的价值，从而降低了劳动力价值和必要劳动，增加了即定工作日长度内的剩余劳动。（第一卷第 12 章）

剩余价值：资本主义制度下榨取剩余劳动的形式，是所有资本主义财产收入的来源，其可能性来源于（日）劳动创造的价值超出（日）劳动力价值的部分。（第一卷第三篇）

使用价值：即满足需要的性能，包括直接通过个人消费或者间接通过生产消费生产其他的使用价值；一个产品可以有使用价值但不是商品，各个社会都生产使用价值，但只有某些社会生产商品。（第一卷第1 章）

42. 工资：即劳动力的价格，可以用计时工资（单位平均劳动时间）也可以用计件工资（单位平均产品）的形式来支付。（第一卷第六篇）

管理工资：也叫监督工资，即支付给管理者的工资，包括实际管理者（受雇的管理者）或者名义管理者（资本家作为管理者）。（第三卷第 23 章）

译后记

这本《〈资本论〉导读》译自剑桥大学出版社1984年英文版，作者安东尼·布雷沃是一位西方马克思主义经济学者，曾经在布里斯托大学经济系任教，除本书外，作者还著有《马克思主义的帝国主义理论评述》（1980年版）等著作。

本书所用的《资本论》引文，除了专门说明外，为照顾通行习惯，均采用中共中央编译局翻译人民出版社出版的《资本论》前三卷（即《马克思恩格斯全集》第23、24、25卷）的译文。书中《资本论》引文，只在行文后注明页码，不再另注书名。本书所用《资本论》的某些章节标题，和中共中央编译局所译《资本论》的标题不尽一致。为了尊重原作，并考虑到这也反映了作者对《资本论》脉络的把握和重点的取舍，故均按本书原文译出。

这本书的翻译缘起于30年前的同学际遇。当时，五位译者都是陕西师范大学经济学硕士研究生，并于1987年毕业，距今整整毕业30年。读研期间，大家对马克思《资本论》都花了很大精力研读。由于马克思特殊的学术语言及德意志式的思维方式，同学们都感到了阅读的吃力。1985年，胡健偶然阅读到了这本《〈资本论〉导读》，感到作者的介绍和概括简明扼要，不失为一本可读的导读性作品，介绍给几位同学后，大家都有同感，遂决定将其译为中文，为学习者提供一些阅读帮助。为了节约时间，五位同学合力翻译，易炼红翻译了序言和导言，杨秋宝和胡健翻译了第一卷，霍云鹏翻译了第二卷，任净翻译了第三卷，胡健还翻译了附录和术语汇编。

译后记

本书翻译工作完成后，联系出版工作有所搁置，只打印了几十册分送同好。随后，五位同学毕业后各奔东西，目前工作在五个城市。今年逢同学毕业30年，胡健与任净联系后找到了当时的译本，阅读后感到还有参考价值。随后，胡健于今年暑中抽时间对全部译文又通校了一遍，匡正了原译文中的不准确之处。现在把这个译本交付出版，一是为了纪念同学们30年前的一段学习际遇，见证我们的青年时代；二是为了表达对我们授业的陕西师范大学的老师们的怀念，尽管他们大都已故去，但他们的执教精神永在。

胡　健

2017年9月于西安